DANIEL DUHR

Bock auf Handball

Krass und kurios, bewegend und berührend.
Die stärksten Geschichten aus der besten Sportart der Welt

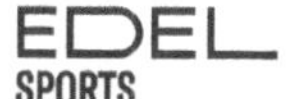

Du hast mich zum Handball gebracht,
da konnte ich gerade mal laufen. Das ist bei manchen in meiner Mannschaft auch heute noch so – aber das ist ein anderes Thema. Handball ist auch dank Dir ein großer, ein großartiger Teil meines Lebens geworden.

Schreiben ist brotlose Kunst, hast Du immer gesagt.
Ich glaube, diese 20 Kapitel brotloser Kunst hätten auch Dir sehr gut geschmeckt.

Für Dich, Papa.

INHALTSVERZEICHNIS

EINLEITUNG: GÄNSEHAUT IM HOCHSOMMER

Kleine Geschichten, große Namen: 155 Titelgewinne und eine ganz persönliche Mini-Anekdote aus der Handball-Bezirksliga zum Warmwerden

Damals war ich noch Mittelmann. Warum, wusste vermutlich nur Marco, mein damaliger Trainer. Auf jeden Fall war es an mir, den ersten Anwurf des Turniers auszuführen. Wir waren in Esbjerg auf einem internationalen A-Jugend-Turnier. Die Halle war voll. Und meine Hand war voll. Voll mit Harz.

Pfiff. Anwurf. *Pfiff.* Fuß. Freiwurf für den Gegner. Schnell ausgeführt, langer Pass, einfaches Tor – 0:1. Gelächter. Die ganze Halle lachte. Auch wir mussten lachen. Selbst Florian, unser Halbrechter, dem ich den Anwurf direkt auf den Fuß serviert hatte, und ich mussten lachen. Was war passiert? Ganz einfach: Ich war zwar grundsätzlich schon in der Lage, den Anwurf über 40 Zentimeter präzise in die Hände von Flo zu werfen. Zumindest ohne Harz. Jedoch hatten wir vorher nie mit dermaßen viel Harz an der Pocke gespielt.

Nie wieder war mir etwas auf dem Handballfeld derart peinlich, nicht mal meine einzige Rote Karte, die ich unmittelbar nach dem Anpfiff gezeigt bekam. Dabei war mir bei der Begrüßung am Mittelkreis lediglich ein „Och nö, du schon wieder …" Richtung Schiedsrichter rausgerutscht.

Nie wieder hatte ich aber auch so viel Spaß auf einem Handballturnier wie damals mit meiner alten A-Jugend in Dänemark.

Drei Dinge folgten aus meinem erbärmlichen Anwurf auf den Fuß. Erstens: Ich habe kein einziges Spiel mehr ohne Harz gemacht. Zweitens: Ich habe keinen einzigen Anwurf mehr auf den Fuß meines Mitspielers gesetzt. Und drittens: Ich spiele jetzt Linksaußen und habe dadurch sowieso keinen einzigen Anwurf mehr gemacht.

Handball ist pure Emotion

„Wenn es nicht kracht, ist es nicht Handball." So formuliert es Stefan Kretzschmar. Da möchte ich als durchschnittlich talentfreier Bezirksliga-Handballer natürlich nicht widersprechen. Aber ergänzen. Denn neben dem zweimal 30-minütigen Action-Thriller, neben der Sportart gewordenen Adrenalin-Spritze, neben dem reinen Vollgas-Spektakel auf der Platte ist Handball noch so viel mehr. Handball ist nämlich auch all das, was vor und nach dem Spiel passiert, all das, was sich in der Kabine und außerhalb der Halle abspielt, all das, was uns bitter leiden und leidenschaftlich jubeln lässt.

Handball ist pure Emotion. Handball ist griffig. Handball ist alles – außer gewöhnlich. Und auch dieses Buch ist alles andere als gewöhnlich. 20 der bekanntesten und beliebtesten Handballerinnen und Handballer erzählen hier ihre ganz persönliche Geschichte aus ihrem rasanten Handball-Leben. Zusammen kommen sie auf stolze 155 Titel. Fünfmal Weltmeister, achtmal Europameister, dazu 16 Champions-League-, 18 Europapokal-, 60 Meister-, 47 Pokal- und ein Kreismeistertitel. Ihre Erzählungen sind wie ein Handballspiel im Zeitraffer: in einem Moment gnadenlos, grausam und brutal hart, im nächsten Moment glanzvoll, glorreich und großartig. Es geht um Leiden und Leidenschaft, um große Schlachten und noch größere Freundschaften, um überraschende Geständnisse und völlig irre Einblicke.

Bob Hanning erzählt zum Beispiel, wie es gelang, die U-21-Weltmeisterschaft nach Deutschland zu holen und zu einem wahren Handballfest zu machen. Nationaltorhüterin Dinah Eckerle lässt uns mitfühlen, wie verdammt schwer es ist, sich nach einer Schwangerschaftspause als Mutter wieder zurück ins Tor zu kämpfen. Weltmeister Henning Fritz schildert sehr offen und sehr emotional von seinem Erschöpfungszustand und wie er ihn erfolgreich überwunden hat. Und Christoph Theuerkauf gibt lustige Einblicke in seine Reise mit der deutschen Nationalmannschaft – bei der ein Kasten Bier auch schon mal 98,40 Euro kosten darf.

Wir hatten überlegt, auch Michael „Mimi" Kraus, Mittelmann und Weltmeister von 2007, erzählen zu lassen. Zum Beispiel die Geschichte seines irren Spiels im Oktober 2018, als er beim 37:34-Sieg über die TSV Hannover-Burgdorf unfassbare 18 Tore für den TVB Stuttgart warf. Aber dann hörten wir von dieser Kreisliga-Legende: Thilo Goetzky. Und der hat tatsächlich einmal 19 Tore in einem Spiel geworfen.

Das – und was den Amateurhandball so besonders macht – erzählt er uns in seinem ganz persönlichen Kapitel.

Anschnallen und festhalten

Los geht's mit mächtig viel Tempo und Silvio Heinevetter in Island im Trainingslager. Da ist Heine mächtig ins Schwitzen gekommen. Und gelacht wurde auch nicht zu knapp. Exakt so ist es mir übrigens beim Schreiben dieses Buches ergangen. Ich habe viel gelacht. Ich habe ebenso viel mitgefühlt, mitgelitten und mitgefiebert, hatte selbst im Hochsommer immer wieder Gänsehaut. Vor allem aber habe ich 20 starke Persönlichkeiten kennenlernen dürfen. 20 äußerst sympathische, offen-ehrliche, gute Typen. Handballerinnen und Handballer eben. Und jetzt lade ich Euch, liebe Leserinnen und Leser, herzlich ein, diese 20 Handball-Stars hier noch besser kennenzulernen.

Ach ja: Das Beste kommt wie immer zum Schluss – in diesem Buch ist das die Geschichte von Tscheljabinsk. Danke, Benno Wiegert, für diese komplett irre Story! Jetzt aber genug des Aufwärmens. Ab nach Island, ab nach Reykjavík. Heine, du übernimmst. Im Helikopter … Also: Anschnallen, festhalten und ganz viel Spaß!

SILVIO HEINEVETTER

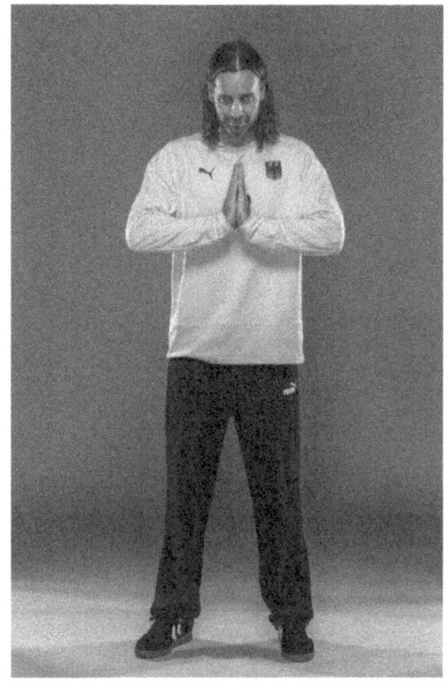

© Sascha Klahn

Name: *Silvio Heinevetter*
Spitzname: *Heine*
Position: *Tor*
Geboren am: *21. Oktober 1984*
Geboren in: *Bad Langensalza*
Größter Erfolg: *Vereinsweltmeister 2015 mit den Füchsen Berlin*
Handball ist für mich: *Zu groß, um es mit wenigen Worten zu beschreiben. Ich sage nur: Ich habe unfassbar Bock auf Handball!*

DIE ERSTEN WERDEN DIE LETZTEN SEIN

Trainingslager auf Island: knarzende Doppelstockbetten, fliegende Schnitzeljäger und ein magischer Mannschaftsabend mit Dagur an der Gitarre.

Ich schloss meine Augen. Richtig dunkel wurde es trotzdem nicht. Die Luft war stickig. Wenn eine Brise durch unser Nachtquartier wehte, roch sie nicht gut. Es stank vielmehr wie im Pumakäfig. Dazu die Geräusche. Irgendwer schnarchte immer. Oder es knarzte eines der neun Doppelstockbetten unter der Last sich hin und her wälzender 100-Kilo-Handball-Elfen. Da ich in einem der unteren Betten lag, nahm ich die Bewegungen meines Kollegen Johannes Sellin über mir 1:1 war und hatte dennoch Glück, dass er als Außenspieler nur rund 80 Kilo auf die Waage und das Bettgestell brachte. Aber weder die Helligkeit des isländischen Mittsommers noch die Geräuschkulisse und der Gestank ausdünstender Trainingsklamotten waren ein echtes Problem. Auch nicht die Tatsache, dass wir zum Schiffen und Duschen in ein Gemeinschaftsbad auf dem Flur mussten. Schließlich wussten wir ja alle, warum wir hier waren.

„Hier" heißt in diesem Fall im Kex, einem kleinen Hostel in der isländischen Hauptstadt Reykjavík. Eine Unterkunft, die vom Design und von der Atmosphäre her irgendwo zwischen Retro-Jugendherberge und Designer-Seefahrerkneipe angesiedelt war. Dass der Laden unserem Trainer Dagur Sigurðsson gehörte, änderte zwar nichts daran, dass wir uns als frisch gebackene Champions-League-Halbfinalisten und ambitionierte Bundesliga-Dritte mit 18 Mann in einem Schlafraum Doppelstockbetten teilen mussten, es gab der ganzen Sache aber einen familiären Rahmen. Wenn man weiß, auf welcher Seite sein Mitspieler am liebsten einschläft und wann wer seine morgendliche Sitzung abhält, dann mag das von außen betrachtet vielleicht als zu intim wirken. Doch auch das sind Erfahrungen und Momente, die dazu beitragen, zu einer Mannschaft zusammenzuwachsen. Jeder, der schon mal Handball gespielt hat und mit seinem Team im Trainingslager war, weiß, wovon ich spreche.

Genau das wollten wir: zusammenwachsen. Und Dagur wollte auch, dass wir zusammenwachsen. Wir sollten in unserer Vorbereitung nicht bloß trainieren und pünktlich zum Start der Saison 2012/13 auf unserem sportlichen Maximum angekommen sein. Wir sollten uns noch besser kennenlernen, uns schätzen lernen, nicht zuletzt eine gute Zeit miteinander haben. Und die hatten wir. Wir hatten eine wirklich gute, wilde Zeit – vielleicht mit die beste in meiner Karriere.

Blaues Wunder in der Blauen Lagune

Zu unserer ersten Teambesprechung im Rahmen unseres Trainingslagers hatte der Trainer uns in die *Bláa Lónið* eingeladen, in die Blaue Lagune, jenes Thermalbad im Freien nahe Reykjavík, das in ein Lavafeld gebettet zu den Hauptattraktionen Islands zählt und jedes Jahr Tausenden Touristen Entspannung pur bietet. Um uns herum dampfte das 39 Grad warme Wasser. Dazu strahlender Sonnenschein und die hügelige, schroffe Naturlandschaft Islands im Hintergrund. Wären da um mich herum nicht 17 andere, Badehose tragende Männer unseres noch einmal aufgewerteten und mit Weltmeistern und Champions-League-Siegern hochdekorierten Kaders gewesen, hätte ich mich in diesem Moment wie im Urlaub gefühlt. Doch statt Piña Colada und Sonnencreme bereitete Dagur uns in der Blauen Lagune unser blaues Wunder, will sagen: Er referierte den Plan für die nächsten fünf Tage. Spätestens da war dann auch dem letzten Träumer unter uns bewusst, dass wir in dieser Juliwoche nicht nur Wellness auf dem Programm stehen haben würden. Was uns erwartete? Eine Mischung aus knallhartem Training, kulturellem Sightseeing und eine mehrere Tage dauernde Schnitzeljagd als Inbegriff von Teambuilding – allerdings ohne Schnitzel.

Vormittage zum Kotzen

Die Vormittage waren anstrengend. So lustig die Nächte in unserem Gemeinschaftsschlafraum waren, so mittelmäßig war der Schlaf. Wenn man nachts wach wird und sich beim Gang aufs Klo fragt, ob man verschlafen hat, weil alles taghell ist, das Handy dann aber 2.30 Uhr anzeigt, macht das schon etwas mit einem. Der Biorhythmus gerät gewaltig aus dem Takt. Dafür bekamen wir zum Start in den tatsächlichen Tag ein gutes, reichhaltiges Frühstück und starken Kaffee. Das war großartig, zumindest wenn alles drinblieb. Und ein Problem, wenn alles wieder hochkam. Denn natürlich trainierten wir auch extrem hart, immer wieder bis zur Grenze und auch darüber hinaus – Sportler werden die „Kotzgrenze" kennen.

Die Einheiten fanden im Trainingszentrum von Valur Reykjavík statt, dem Club, bei dem unser Coach Manager war, bevor er zu uns Füchsen nach Berlin kam. Eine schöne Halle, wir hatten alles, was wir brauchten. Ab und an gab es auch Besuch. Die Isländer sind unglaublich handballbegeistert. Neben Fans waren auch alte Bekannte auf der Insel. Alexander Petersson zum Beispiel schaute mit seinem Sohn beim Training vorbei. Auch an ein kurzes Treffen mit Alfreð Gíslason erinnere ich mich gerne zurück.

Nicht so gerne denke ich an die harten Halleneinheiten. Meiner Meinung nach hat sich noch nie jemand in den Kader gelaufen. Ich bin kein Freund von brutalen Konditions- und Krafteinheiten. Aber ich kann mich quälen, natürlich. Sonst hätte ich es auch nicht so weit gebracht. Auf jeden Fall haben es einige der Einheiten in die Top Ten meiner anstrengendsten Trainings geschafft. Und immer, wenn ich in der Halle mitkriegte, dass jemand mit unmissverständlichem Würgegeräusch Richtung Toilette spurtete, wusste ich nicht genau, was ich tun sollte. Lachen? Schwierig, ich könnte ja der Nächste sein, der rennt. Mitleid? Ja, aber wir wollten ja alles aus uns herausholen. Das gehört dann eben mit dazu. Ich blieb übrigens bis zur Abreise einer der wenigen, die das kostbare Frühstück immer drin behalten haben. So schlecht war es offenbar um meine Kondition nicht bestellt gewesen.

Eine willkommene Abwechslung war eine ganz besondere spätabendliche Trainingseinheit. Dagur, eigentlich durch und durch Harmoniemensch, hatte ein Paintball-Match für uns organisiert. Alt gegen Jung. Wir haben bis weit nach 23 Uhr gespielt und uns mit den Farbkugel-Gewehren in einen Rausch geballert. Wir waren komplett im *Flow*, wie wir Sportler sagen. Lachend und kichernd wie Schulkinder, die beim Klingelmännchen hinter der Hecke kauern. Am Ende blieb nur noch einer übrig: Iker Romero. Unserem Star aus Spanien konnte keiner das Wasser reichen. Allerdings hatte er als passionierter Tontauben-Schütze auch klare Vorteile.

Haifisch auf dem Teller und Dagur an der Gitarre

Neben dem Paintball-Duell hatte sich Dagur viele weitere Ausgleichsaktivitäten zum harten Training für uns überlegt. Als Isländer, der in Reykjavík geboren ist, kannte er sich bestens aus. Und er wollte uns auch seine Heimat zeigen, uns die isländische Kultur näherbringen. Sonst hätten wir das Trainingslager ja auch auf Mallorca oder gleich bei uns in der Halle veranstalten können. Wir probierten die lokalen Spezialitäten. Also kam Haifisch auf den Teller. Auch geröstetes Lamm und Fischchips, die von ihrer Konsistenz her eher im Baumarkt bei den Sägespänen als im Supermarkt bei den Süßigkeiten hätten liegen müssen. Dagur zeigte uns die Stadt. Seine Stadt. Seine Heimat, sein Reykjavík.

Die Abende blieben davon weitgehend unberührt. Da zogen wir in Eigenregie um die Häuser. Kneipen, Bars, Clubs – wir hatten eine geile Zeit und wuchsen jeden Tag mehr als Mannschaft zusammen. Und manchmal bringt ein tiefgründiges Gespräch mit einem Mitspieler bei zwei bis zehn Bier auch mehr, als wenn man den Medizinball das hundertste Mal gegen die Wand wuchtet. Die Quittung bekamen wir stets am nächsten Morgen in der Halle.

Einen Extra-Denkzettel kassierten wir am letzten Abend. „Männer, heute können wir auch mal ein Bier trinken gehen. Ich zeige Euch ein paar Kneipen und dann gehen wir noch Musik machen“, sagte Dagur für uns alle etwas überraschend. Wahrscheinlich hatte er mit Begeisterung gerechnet. Zumindest hatte er Zustimmung erwartet. Stattdessen blickte er nur in leere Gesichter. Man könnte auch sagen: in verkaterte, angeschlagene Gesichter, die von der harten Trainingswoche, aber eben auch vom in Eigenregie zelebrierten Vorabend gezeichnet waren. Doch das erst unausgesprochene, kurz darauf dann auch zaghaft geäußerte „Nein“ von uns Spielern akzeptierte er schlichtweg nicht. „Ihr seid alle solche Pfeifen!“

Wir gaben nach, gingen mit und kämpften uns in den letzten Abend. In einen Abend, der zu den schönsten der ganzen Woche zählen sollte. Wir landeten in einem Musikstudio. Iker Romero sang seinen Lieblingssong *Soldadito marinero* der spanischen Rockband Fito y los Fitipaldis. Es geht um einen Marinesoldaten, um langes Leiden und schnelle Liebe, um Hoffnung und Trauer. Uns ging es vor allem um den schönen Song. Verstanden haben wir ihn eh nicht, mitgesungen haben wir dafür umso lauter. Wir alle begleiteten Iker: Dagur auf der Gitarre, der Rest mit einer Rassel oder einer Tröte. Es war eine magische Stimmung. Wir waren eine Einheit.

Ein bisschen hatte ich auch zu der genialen Stimmung beigetragen, mit einer Geschichte, die wir uns am letzten Abend genauso oft erzählten, wie wir es auch heute, über zehn Jahre später, noch machen. Denn meine Dreiergruppe hatte die für das Teambuilding organisierte Schnitzeljagd etwas anders interpretiert als der Rest.

Schnitzeljagd im Top-Gun-Stil

Die Schnitzeljagd war die zentrale „Wochenaufgabe". Der Inhalt unserer Nachmittage, die große Team Challenge des Trainingslagers. Dagur hatte uns in Dreierteams eingeteilt. Ich bekam Iker Romero Fernández an die Seite, den spanischen Ausnahme-Mittelmann, Champions-League-Sieger, Weltmeister, spanischer Meister und im Laufe seiner Zeit bei den Füchsen auch mit uns DHB-Pokalsieger und Europapokalsieger. Gleichzeitig war Iker ein ganz feiner Mensch. Ein Mitspieler, ein Freund – und einer meiner zwei *Wingmen* der Schnitzeljagd. Der andere war Konstantin Walerjewitsch Igropulo. Ebenfalls Champions-League-Sieger mit dem FC Barcelona, spanischer Meister und Pokalsieger und mit uns später DHB-Pokalsieger und Europapokalsieger. Genau wie Iker ein richtiger Bulle. Kurzum: Wir waren ein bärenstarkes Dreierteam. Dass wir in dieser Konstellation Letzte geworden sind, verstehe ich bis heute nicht. Akzeptiere ich auch bis heute nicht.

Am ersten Tag der Schnitzeljagd verließen wir unsere Herberge in der Skúlagata 28 am nördlichen Rand des Zentrums. Wir tauschten den Blick über das Meer auf die Bergkette Esja mit dem auf einen vollen Kaffeebecher und hatten uns erst mal in ein nahe gelegenes Café begeben. Lagebesprechung. Auf dem Papier schienen die Aufgaben keine große Sache zu sein. Verschiedene Orte und Stationen mussten besucht werden. Als Beweis musste jeder ein Foto vor Ort machen. Da die Orte so weit auseinander lagen, hatten wir alle ein Fahrrad bekommen. Wir mussten unter anderem in einem bestimmten Burgerladen einen Burger essen, in einer bestimmten Eisdiele ein Eis essen und in der ältesten Fischbude der Stadt ein Fischbrötchen essen. Zudem standen auf der Roadmap ein Hafengebäude, ein Geysir am Stadtrand und die Hallgrimskirche. Zu guter Letzt eine Fahrradstunde plus eine Stunde Aufstieg zu Fuß entfernt: der Gipfel des 295 Meter hohen Úlfarsfell nordöstlich der Stadt.

Dieser letzte Punkt, die Wanderung hoch auf den Úlfarsfell, war ein Problem. Nicht für mich. Auch nicht für Igropulo. Aber für Iker. „Leute …“, sagte er, während er an seinem Kaffee nippte, „mein Knie – das mit dem Berg ist völlig ausgeschlossen!“ Ratlos guckten wir uns an. Im Hintergrund servierte der Kellner ein paar Touristen ein Stück Kuchen. Draußen war es – wie immer – taghell. Und drinnen verdunkelten sich unsere Mienen. Wie sollten wir die Challenge mit dem Berg lösen, wenn Iker Knieprobleme hat? Igropulo, der zwar mit Mathematik und Physik ernste Fächer studiert hat, fabulierte eher spaßig in die Runde: „Wäre geil, wenn wir jetzt einen Heli hätten …“ Wir nickten ihm zu, etwas erheitert, aber nicht wirklich weitergekommen im Text. Da stand plötzlich vom Nebentisch ein Mann mittleren Alters auf und kam zu uns rüber. „Hey guys, someone here needs a helicopter?!“ Ungläubig starrten wir den Kerl an, der sich als Mitarbeiter des Flughafens vorstellte. Kurze Besprechung, dann war klar: Ein Helikopter wäre die Lösung für unser Problem. 70 Euro pro Nase. „Deal!“

Wir schnappten uns unsere Fahrräder und radelten zum Flughafen. Dort wurden wir am verabredeten Treffpunkt von unserer Café-Bekanntschaft empfangen und zum Flugfeld geleitet. Dann ging alles ganz schnell. Unser Pilot war bereits im Landeanflug, immer größer wurde der Heli vor unseren Augen, immer näher kam die Maschine Richtung Boden. Während bei Igropulo und mir diebische Vorfreude ob unseres genialen Plans aufkam, verließ Iker seine ansonsten sehr gesunde Gesichtsfarbe. Dieser Baum von einem Mann hatte Flugangst. Wie B.A. Baracus aus dem A-Team. Zwar haben wir Iker nicht bewusstlos geschlagen (wie sollten wir auch), doch es brauchte viel Überzeugungsarbeit, dabeizubleiben, während unser Heli im Landeanflug war.

Was jetzt passierte, wirkt heute noch wie in einem Film. Und so ganz daneben liege ich damit auch nicht. Der Helikopter landete, die Türen gingen auf und wer stieg aus? Tom Cruise. Tom Cruise, der Top-Gun-Pilot. *Maverick*! Wenn auch aus einem Heli statt aus einem Kampfjet und als Passagier statt als Pilot. Trotzdem irre. Der Hollywood-Star war für Dreharbeiten zu seinem Kinofilm *Oblivion* in der Luft gewesen. *Oblivion* bedeutet „Vergessenheit". In Vergessenheit geriet diese außergewöhnliche Begegnung bei uns jedenfalls nicht – höchstens kurzzeitig fünf Minuten später, als wir selbst abhoben. Unser Pilot war der Mann, der wenige Monate vorher mit der BBC in den Krater des in jenem Jahr halb Europa lahmlegenden Vulkans Eyjafjallajökull geflogen war. Jetzt flog er mit uns auf Schnitzeljagd.

Angst, Panik, Begeisterung, Euphorie – irgendwo dazwischen verlief unser Heli-Abenteuer. Wir flogen auf den Úlfarsfell, genehmigten uns oben ein Gläschen Sekt auf unseren Coup und konnten uns vor Lachen kaum halten bei dem Gedanken daran, dass sich der Rest zu Fuß den Berg hinaufquälen durfte. Doch wir beließen es nicht dabei. Denn von dem Moment an, in dem uns der Kumpel des Piloten in dem Café ansprach, bis zur Landung oben auf dem Gipfel hatten unsere drei teuflisch-genialen Gehirne genügend Zeit, um den Plan und konsequenterweise die Flugroute zu verlängern. So flogen wir also die anderen Ziele der Schnitzeljagd auch noch ab, machten fleißig unsere Beweis-Selfies. Hoch oben über der Kirche statt vor dem Altar. Wie wir zu den Zielen kamen und unsere Bilder machten, stand schließlich nirgendwo geschrieben. Durch unseren enormen Geschwindigkeitsvorteil dank des Helikopters hatten wir alle Aufgaben an einem Nachmittag erledigt. Die anderen Nachmittage erkundeten wir gemütlich die Cafészene Reykjavíks. Unsere größte Herausforderung war, die Nummer bis zum Ende der Woche für uns zu behalten.

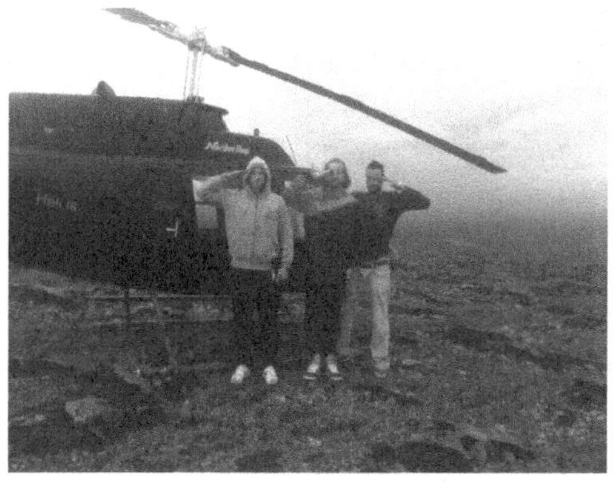

© Silvio Heinevetter

Konstantin Walerjewitsch Igropulo, Silvio Heinevetter und Iker Romero Fernández 2012 bei ihrer Schnitzeljagd mit Helikopter.

Ungläubiges Entsetzen und kollektiver Lachflash

Erst zum Ende dieses von Dagur wirklich fantastisch organisierten Trainingslagers, nach den vielen harten Trainingseinheiten, den kurzen Erholungsphasen und den langen

Nächten, zum Abschluss unseres Island-Abenteuers ließen wir die Katze aus dem Sack. Es gab eine Schlussbesprechung. Jede Dreiergruppe präsentierte ihre Bilder, danach wurde entsprechend bewertet. Als letzte Gruppe präsentierten wir dann unsere Bilder. Iker, Igropulo und ich. Mit Heli. Dieser Moment, als allen anderen klar wurde, dass wir die Schnitzeljagd mit dem Hubschrauber erledigt hatten – unbezahlbar. Das Entsetzen in den Gesichtern. Völlig ungläubiges Staunen. Und dann ein kollektiver Lachflash, wie ich ihn selten wieder so erlebt habe. Selbst Dagur konnte sich das Lachen nicht verkneifen. Trotzdem wurden wir Letzte.

Dagur wusste übrigens wirklich nicht, dass wir die Schnitzeljagd mit Luftunterstützung gelöst hatten. Auch, dass wir alle einen Kater hatten an dem Abend, an dem er mit uns losziehen wollte, wusste er anfangs nicht. Wie er so manches aus dieser Woche nicht im Detail wusste. Aber das muss ein Trainer auch nicht. Ein Spitzentrainer muss – neben aller sportlichen, technischen und taktischen Elementen – vielmehr wissen, wie man aus einer bunten Truppe von verschiedensten Charakteren, wie man aus 20 guten Handballern eine Topmannschaft formt. Eine Einheit eben, einen verschworenen Haufen.

Und der waren wir dank Dagur nach den sieben Nächten im Pumakäfig, keine Frage.

BOB HANNING

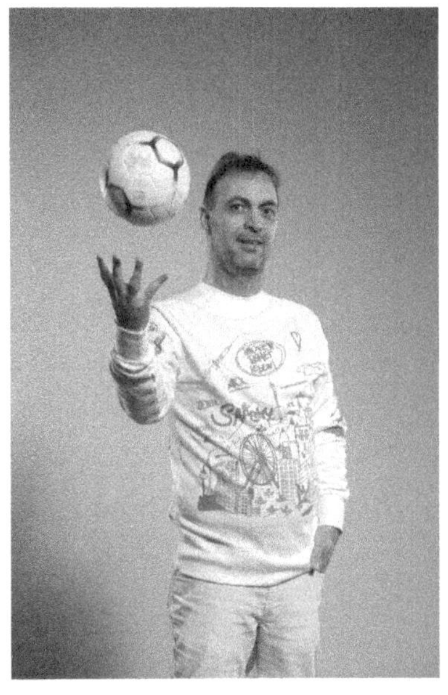

© Sascha Klahn

Name: *Hans Robert Hanning*
Spitzname: *Bob*
Position: *Geschäftsführer Füchse Berlin, Trainer VfL Potsdam, ehemaliger Vizepräsident DHB*
Geboren am: *9. Februar 1968*
Geboren in: *Essen*
Größter Erfolg: *Dass unsere Jungs 2023 in Deutschland U21-Weltmeister geworden sind!*
Handball ist für mich: *Ein sehr harter, aber trotzdem sehr ehrlicher Sport. Deswegen habe ich Bock auf Handball!*

EIN GANZ BESONDERER JAHRGANG

Eine Weltmeisterschaft nach Deutschland zu holen, ist eine Sache – sie zu einem überragenden Turnier zu machen und dann auch noch zu gewinnen, eine ganz andere.

Wenn Hassan Moustafa, der Präsident des Handball-Weltverbands, und ich zusammen in Berlin essen gehen, dann immer bei meinem Stamm-Italiener. Hassan isst kein Fleisch – und dass ihm ein mit Bacon ummantelter Fisch nicht neu fleischlos zubereitet, sondern nur in neuer Garderobe wieder serviert wird, möchte ich kein zweites Mal erleben. Deswegen bei mir in Berlin nur noch Don Camillo, ein wirklich guter Italiener in Charlottenburg, der mein absolutes Vertrauen genießt. Und der dann – wenn Hassan zu Besuch ist – eben auch mal mittags oder sonntags außerplanmäßig für uns die Küche öffnet.

Die Treffen mit Hassan sind für mich immer etwas Besonderes. Nicht, weil er der Präsident des Handball-Weltverbandes IHF ist, sondern weil ich ihn sehr schätze. Er ist mir mittlerweile ein richtiger Freund geworden. Unsere Gespräche sind oft tiefgehend und produktiv.

Äußerst produktiv war ein Gespräch mit ihm vor einigen Jahren in einem kleinen Schweizer Ort am Rhein.

Dort saß ich gemeinsam mit Hassan und unserem DHB-Präsidenten Andreas Michelmann im Restaurant. Es gab Fisch, einen guten Weißwein, dazu eine leichte Brise vom Fluss. Wir sprachen über Handball, natürlich. Und irgendwann sagte Hassan zu uns: „Ihr wolltet doch immer was im Jugendbereich tun und ein Turnier ausrichten. Jetzt ist die Zeit!"

Im Dienst der Sache

Sechs Turniere standen zur Diskussion, drei im Juniorinnen- und drei im Juniorenbereich. Jetzt muss ich dazusagen: Ich war von 2013 bis 2021 Vizepräsident des Deutschen Handballbundes. In den über acht Jahren habe ich stets den Erfolg des deutschen Handballs im Sinn gehabt. Nur zweimal habe ich etwas entschieden, das gleichzeitig auch ein persönlicher Wunsch von mir war.

Zum einen habe ich 2014 Prof. Dr. Kurt Steuer zum leitenden Mannschaftsarzt gemacht. Kurt ist ein Freund von mir. Der eigentliche Grund aber war, dass ich einen erfahrenen, sehr guten Arzt wie ihn auf diesem Posten haben wollte.

Und zum anderen habe ich die Junioren-WM 2023 nach Berlin geholt. Ich habe mich damals dafür entschieden, wissend, dass meine eigene B-Jugend in Berlin dann dort auch eine gewichtige Rolle spielen würde. Aber eben auch wissend, dass es genau das Richtige für den deutschen Handball war und wir genau dann auch so weit sein würden, dieses Turnier optimal organisatorisch austragen zu können.

Ein solches Turnier wie eine Junioren-Weltmeisterschaft nach Deutschland zu holen, ist eine Sache. Dafür braucht es die passende Infrastruktur, Erfahrung, Überzeugungskraft und natürlich gute Kontakte. Aber ein solches Turnier dann auch zu einem erfolgreichen Event zu machen – und es zudem sportlich zu dominieren und mit dem Titelgewinn zu krönen –, eine ganz andere Sache. Dafür muss der gesamte Fokus auf diesem einen Ziel liegen. Nicht nur mein Fokus, nicht nur der des Verbands oder der Spieler. Nein, alle Beteiligten müssen sich für so einen Erfolg komplett fokussieren. Und ab dem Moment, in dem klar war, dass wir die WM austragen durften, richteten wir alles auf diesen Traum aus. Wir alle. In den Vereinen, im Verband, meine Wenigkeit – und die Spieler samt Staff sowieso. Der Erfolg hat uns im Nachhinein Recht gegeben. Möglich war der Triumph nur, weil jeder Einzelne mit maximaler Überzeugung für dieses Ziel gearbeitet hat.

Spielanteile in den Vereinen

Wir bei den Füchsen haben mit Tim Freihöfer, Moritz Sauter, Nils Lichtlein, Max Beneke, Matthes Langhoff und Torhüter Lasse Ludwig sechs Spieler aus dem WM-Kader gestellt. Wir haben in Berlin einfach versucht, für die Jungs ein Haus zu bauen, das die Möglichkeit bietet, 1., 2., 3. Liga und zweimal Jugend-Bundesliga unter einem Dach zu haben. Das ist in Europa einmalig. Innerhalb der Kooperation der Füchse Berlin mit dem 1. VfL Potsdam können wir per Zweitspielrecht drei Spieler aus der 2. Liga in die 1. geben – und umgekehrt. So konnten wir für jeden Spieler individuell entscheiden, wann er sich wo am besten entwickelt. Das war eine ideale Situation, sowohl für die Vereine als auch für die Spieler.

Was uns tatsächlich auch etwas in die Karten gespielt hat, war die Corona-Pandemie. So schwierig die Zeit gerade für junge Menschen war, so hilfreich war sie für uns aus sportlicher Sicht. Da viele Spiele in verschiedenen Wettbewerben ausgefallen waren, gab es jede Menge Zeit zum Trainieren. Die Jungs blieben unter sich in ihrer *bubble*. Trotzdem hatten sie ihren Spaß, zum Beispiel nach dem Sieg der Deutschen Meisterschaft mit der Füchse-A-Jugend, den sie ausgiebig feierten. Das war ganz sicher eine der wildesten Partys, die während Corona möglich waren – natürlich alles unter Beachtung der Sicherheit aller Beteiligten. Um diese Party zu ermöglichen, mieteten wir einen gesamten Flur in unserem Hotel an. Nur für uns. Das war wichtig und gehört einfach dazu. Gerade in diesem Alter müssen die Jungs auch mal abschalten und einen Ausgleich zum Handball haben. Außerdem gibt es kaum bessere Maßnahmen für nachhaltiges Teambuilding.

Auch die anderen Vereine gaben unseren U21-Weltmeistern großzügige Spielanteile. Christian Prokop beispielsweise, der unseren Rückraumrechten Renārs Uščins und Kreisläufer Justus Fischer bei der TSV Hannover-Burgdorf regelmäßig auf die Platte ließ. Oder Mathis Häseler in Gummersbach und Florian Kranzmann in Minden, um nur Einige zu nennen. Auch die Vereinstrainer hatten durch ihre Entscheidungen, dem Nachwuchs Spielanteile zu gewähren, ihren Anteil am Erfolg. Und nur so geht es ja überhaupt: Man muss gemeinsam das Ganze sehen, die Dinge groß und vom Ende her denken. Der WM-Gewinn der U21 ist da eine wunderbare Blaupause, wie wir in Handball-Deutschland zusammenarbeiten müssen.

Die Mannschaft hat alles gegeben

Von unserer Mannschaft war ich von Anfang an zu einhundert Prozent überzeugt. Das ist ein ganz besonderer Jahrgang. Man kann und sollte da keinen besonders hervorheben. Aber ein paar Beispiele gibt es natürlich, die zeigen, warum diese Truppe so hervorragend funktioniert hat.

Da ist etwa David Späth: ein Charakter, der einerseits sehr entspannt ist, andererseits eine Entschlossenheit in der Sache verkörpert, die bemerkenswert ist. Den interessierte die Frage nach einer Prämie nicht, der wollte einfach diesen Titel für Deutschland holen. Ich habe in meinen dreißig Jahren im Handballgeschäft selten so eine Mentalität erlebt, das war beeindruckend.

Dazu kamen Renārs, der Leader, Fischi und Christian Wilhelm als Abwehrgaranten, Tim Freihöfer und Florian Kranzmann, die einfach ihren Job gemacht haben, um ein paar stellvertretend für alle zu nennen. Und natürlich auch Nils Lichtlein, der völlig zu Recht MVP des Turniers geworden ist. Ohne Abwehr zu spielen, was allein schon viel über seine exzellenten Auftritte im Angriff aussagt. Von ihm war ich immer überzeugt. Bei uns in Berlin haben wir bei den Füchsen einen Slogan an der Wand stehen: „Eine Sekunde in der Zukunft spielen." Genau das macht er, damit ist Nils perfekt beschrieben und eben das macht ihn so wertvoll.

Kurzum: Das war nicht bloß irgendeine erfolgreiche Mannschaft. Das war eine Gemeinschaft. Eine Einheit, ja, eine Familie. Und sie hat all das zurückgezahlt, was die anderen in sie in den vergangenen Jahren investiert haben.

Volle Hallen, volle Aufmerksamkeit

Auch dem Verband kann man nach diesem Turnier nur ein Kompliment machen. Sie gaben den Junioren den Fokus einer A-Mannschaft. Und das war genau richtig. Genauso wie das Hallenkonzept. Unsere Jungs haben die Vorrunde in Hannover, die Hauptrunde in Magdeburg und schließlich das Finale in Berlin in der am Ende ausverkauften Max-Schmeling-Halle gespielt. Es wurden von Spiel zu Spiel mehr Fans. Timo Kastening, Christoph Theuerkauf und Paul Drux haben als WM-Botschafter in den Austragungsstädten die Werbetrommel gerührt. Und natürlich stand auch Martin Heuberger als Cheftrainer voll hinter dem Projekt „Weltmeister-Titel".

Flankiert wurden die Vorbereitung und das Turnier durch ein absolut überzeugendes Medienkonzept. Wir schafften es tatsächlich, dass Eurosport das Turnier live übertrug. Der Sender fragte mich im Vorfeld als Co-Kommentator an. Natürlich sagte ich zu – übrigens ohne dafür eine Gegenleistung zu wollen. Mir war die mediale Präsenz unserer Mannschaft Ansporn genug. Allerdings stellte ich eins sofort klar, weil ich anfangs alle Spiele aus der Münchner Senderzentrale kommentieren sollte. Ich sagte, dass ich ab dem Viertelfinale natürlich in der Halle meinen Spielern zujubeln würde. Und stellte Eurosport vor die Wahl: entweder ab dem Viertelfinale aus der Halle senden – oder eben ohne mich als Experte. Letztlich schafften wir es über zwei aus meinem privaten Umfeld akquirierte Sponsoren, dass Eurosport live aus Berlin übertrug – in der Spitze hatten wir 1,7 Millionen Zuschauer!

Die Medien nahmen mein Vorpreschen dankbar an. Ich formulierte vor dem Turnier sehr deutlich, dass wir Weltmeister werden wollten und alles andere eine Enttäuschung wäre. So etwas polarisiert natürlich. Aber damit kann ich umgehen. Mir war wichtig, einen großen Traum, ein großes Ziel zu haben und dafür einfach alles in die Waagschale zu werfen. Wenn man dann nur ins Halbfinale kommt – ok. Aber sich vorab nur das Halbfinale als Ziel zu setzen, so etwas kommt für mich nicht infrage. Schon gar nicht mit so einer Mannschaft.

„Herr Hanning, warum machen Sie das?"

Nach einem der Spiele sprachen mich in der Kneipe, in der wir auf den Sieg anstießen, zwei Eltern von unseren Spielern an: „Herr Hanning, warum machen Sie das? Warum haben Sie so viel Druck auf die Spieler aufgebaut?" „Ja, glaubt Ihr denn, Eurosport hätte sonst live übertragen? Glaubt Ihr denn, wir hätten sonst ausverkaufte Hallen gehabt? Glaubt Ihr denn, wir wären sonst so erfolgreich?", fragte ich zurück. Und sagte noch, sie sollten die Jungs mal nicht unterschätzen. „Die wollen ja schließlich auch Weltmeister werden!"

Wenn einem der Spieler der Druck tatsächlich kurzzeitig zu viel wurde, waren wir intern natürlich sofort alle da. Die Mitspieler waren da, die Trainer, der Staff, ich selbstverständlich auch. Wir alle waren während des gesamten Turniers in sehr engem Austausch und nahmen den Jungs ab, was sie zusätzlich möglicherweise belasten könnte.

Beispiel: Moritz Sauter. Ich telefonierte am Vorabend des Halbfinalspiels mit unserem Mittelmann aus Potsdam. Und ich hörte sofort heraus, dass ihn irgendetwas beschäftigte – und es nicht das Halbfinale war. Irgendein Chaot hatte ihm sein Auto versaut und mit Farblack beschmiert. Zu der Zeit saß ich mit Benjamin Chatton, unserem DHB-Vorstand Finanzen und Recht, beim Abendessen. „Das beschäftigt den Jungen", sagte ich zu Benjamin. Was machten wir? In einer Nacht- und Nebelaktion brachten wir unser Partner-Autohaus bei den Füchsen dazu, dass sie zwei Mann am Wochenende in die Werkstatt beorderten und unserem Moritz sein Auto bis zum Finale wieder aufpolierten. Der freute sich und hatte den Kopf frei.

Über den Finalerfolg, das 30:23 gegen Ungarn, dieses Sahnehäubchen der WM – darüber ist ja alles erzählt. Es war eine überragende Vorstellung unserer Jungs als Abschluss eines fantastischen Turniers. Und wenn dann drei Minuten vor dem letzten Abpfiff 8.235 Zuschauer in der Schmeling-Halle „Oh, wie ist das schön!“ anstimmen – dann bekomme selbst ich nach so vielen Jahren im Spitzenhandball eine Gänsehaut. Mehr geht nicht. Für mich ganz persönlich war es der schönste meiner Erfolge im Handball. Ein Traum, den wir uns gemeinsam erarbeitet haben. Und ein Traum, den wir uns gemeinsam erfüllt haben. Es war der Lohn für die harte und konsequente Arbeit. Ich war wirklich – und dieses Wort benutze ich so gut wie nie – überwältigt.

Auf der anschließenden Party in einer Berliner Kneipe habe ich nur kurz vorbeigeschaut. Um dann an meinem Seehaus mit einem ganz besonderen Wein-Jahrgang auf diesen ganz besonderen Handball-Jahrgang anzustoßen. Um alles sacken zu lassen. Um den Erfolg zu genießen. Etwas müde, ja. Vor allem aber stolz und zufrieden.

Afterhour in Andalusien

Gefeiert habe ich dann mit meinen Berliner Jungs ein paar Tage später in Marbella. Ich lud sie alle ein: unsere sechs Füchse-Weltmeister, dazu den verletzten Maxim Orlov, der die WM verpasst hatte, und unseren polnischen WM-Adler Marcel Nowak. Grundsätzlich gab es nur zwei Pflichttermine: morgens um 10 Uhr das gemeinsame Frühstück, um zu sehen, ob noch alle da sind – und abends das gemeinsame Abendessen. Ansonsten haben wir weltmeisterlich gefeiert und eine gute Zeit gehabt.

Als ich unter der andalusischen Sonne noch mal die Entwicklung der Spieler habe Revue passieren lassen, wie sie spielerisch und menschlich gereift sind – das hat mich sehr berührt. Wie auch die Tatsache, dass nach der WM unser Mittelmann Ole Pregler vom VfL Gummersbach auf mich zukam und sich bei mir für alles bedankte. Diese Momente – und natürlich der Erfolg nach der harten Arbeit – sind es, die mit Geld nicht zu bezahlen sind. Und die mich antreiben, weiterzumachen und weiterzubauen an der Zukunft des deutschen Handballs.

EMILY CHARLOT BÖLK

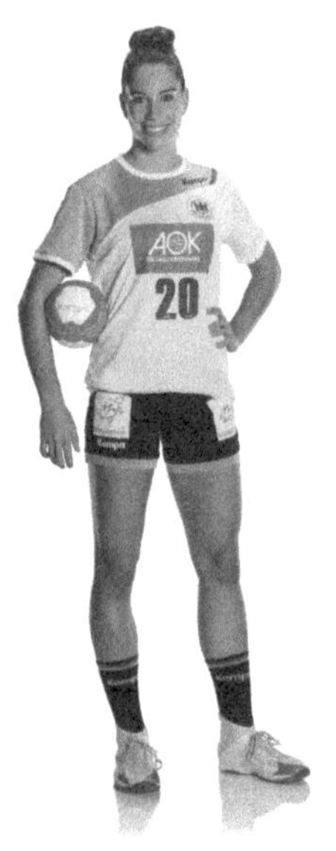

Name: *Emily Charlot Bölk*
Spitzname: *Emmy*
Position: *Rückraum links*
Geboren am: *26. April 1998*
Geboren in: *Buxtehude*
Größter Erfolg: *Silbermedaille in der EHF-Champions-League mit dem FTC Budapest*
Handball ist für mich: *Menschen, Erlebnisse und Lifestyle. Deswegen habe ich Bock auf Handball!*

ACHTERBAHNFAHRT VON BIETIGHEIM ZUM FINAL FOUR

Eine 20:40-Klatsche, eine ungarische Kabinenpredigt, die man auch ohne Dolmetscherin versteht, viele Dämpfer und noch viel mehr Highlights: Das war die wohl verrückteste Saison meiner Karriere.

Ich konnte es einfach nicht fassen. Ich weinte, bekam kaum Luft. Und trotzdem war alles gut in diesem Moment. Mehr als gut sogar. Denn ich weinte vor Freude. Ich hatte mich völlig verausgabt und sprang mit meinen Mitspielerinnen jubelnd im Kreis – dieser Moment sollte einfach niemals enden. Wir hatten gerade das Unmögliche möglich gemacht, obwohl nach dem Hinspiel alles gegen uns sprach. Wir hatten das Final Four in der EHF Champions League erreicht! Ein Erfolg, ein Triumph, den schon am Anfang dieser denkwürdigen Saison kaum einer für möglich gehalten hatte. Und den nach unserer 20:40-Klatsche im ersten Champions-League-Auswärtsspiel erst recht niemand mehr für möglich gehalten hatte. Es war verrückt. Die ganze Saison war einfach völlig verrückt.

Sommer 2022. Wir hatten neue Spielerinnen verpflichtet. Mein Verein, der ungarische Topclub FTC Budapest, hatte viel Geld in unseren Kader investiert, vor allem in erfahrene und verdiente Spielerinnen wie Dragana Cvijić, Zsuzsanna

Tomori und Andrea Lekić, die wir alle nur Leki nannten. Trotz der zu erwartenden Findungsphase, die es ja bei Umbrüchen und zu Beginn einer jeden Saison immer gibt, erreichten wir vor allem in Sachen Cleverness noch mal ein anderes Level. Das galt ebenso für die Ansprüche, die der Verein an uns stellte. Waren wir in meinen ersten beiden Jahren in Ungarn noch jeweils in den Playoffs gescheitert, war dieses Mal das Viertelfinale in der Champions League das ausgegebene Ziel. Mittelfristig wollte der Club nach ganz oben – ins Final Four. Ein Ziel, das ich noch nie erreicht hatte. Ein Ziel, das auch der Verein noch nie erreicht hatte. Ein Ziel, das einen extrem unter Druck setzen kann.

Die Vorbereitung lief unspektakulär gut. Wo man wirklich steht, weiß man immer erst, wenn die Saison läuft. Nach den ersten drei Spielen dachten wir: Ja, nicht schlecht. Ganz gut eigentlich. So kann es doch weitergehen. Die ersten zwei Ligaspiele hatten wir gewonnen. Erst ein Arbeitssieg gegen Motherson Mosonmagyaróvári KC, dann ein hoher Auswärtssieg bei Moyra-Budaörs. Und im Anschluss schlugen wir Odense zum Auftakt in die Champions League zuhause mit 27:23. Wir waren gut drauf. Vor allem aber waren wir meilenweit davon entfernt, auch nur zu ahnen, dass unser viertes Saisonspiel alles verändern sollte.

Absolut kriminell

Am 18. September 2022 mussten wir in der Champions League in Bietigheim antreten. In Deutschland, dachte ich, wie schön. Freunde sehen, Bekannte aus der Nationalmannschaft treffen, die bei der SG BBM spielen, am liebsten noch zwei Punkte mitnehmen und zurück nach Budapest. Falsch gedacht. Das Spiel in Bietigheim war das schlimmste Spiel, das ich je erlebt habe. Und ich habe schon einige schlimme Spiele erlebt.

Manchmal sprechen wir von einem „gebrauchten“ Tag, wenn nichts zusammenläuft auf der Platte. Hier musste man von einer komplett „gebrauchten“ Reise sprechen. Es ging schon damit los, dass unsere Abwehrchefin Zsuzsanna Tomori und unsere Kreisläuferin Dragana Cvijić krankheitsbedingt ausfielen. Der Flieger ging also ohne sie von Budapest über Wien nach Stuttgart. Leider kamen dort von unseren 20 Koffern nur 15 an. Fünf Gepäckstücke waren weg, meins gehörte auch dazu. Zwar hatten wir – wie bei jeder Flugreise – unsere Schuhe und Trikots im Handgepäck. Was wir aber nicht im Handgepäck hatten, waren die ganzen anderen Klamotten. Austrian Airlines versicherte uns, die Sachen würden schnell nachgeliefert. „Bevor es vom Hotel in die Halle geht, sind die Koffer *safe* da!“, hieß es. Waren sie nicht. „Bevor das Spiel losgeht, sind die Sachen *safe* in der Halle!“, hieß es dann. Waren sie nicht. Gott sei Dank war Xenia Smits aber da, meine Nationalmannschaftskollegin, die uns alle mit Haargummis, Socken und Sport-BHs versorgte. Dass sie uns kurz darauf vier – und ihre Bietigheimer Kolleginnen weitere 36 – Tore einschenken würde, vermutete da noch niemand.

Das Spiel verlief die ersten zehn Minuten auf Augenhöhe. Dann lief gar nichts mehr. Wir hatten einen rabenschwarzen Tag. Ich schaute im Spiel auf die Uhr und wollte einfach nur, dass es endlich vorbei war. Doch es war erst bei 40:20 für Bietigheim vorbei. Absolut kriminelles Ergebnis.

Ich schämte mich so für unseren Auftritt in Deutschland, dass ich nach dem Spiel besonders lang Autogramme schrieb und den Fankontakt suchte. Es waren ja auch viele Freunde von mir in der Halle. So eine Scheiße, wirklich. Markus Gaugisch, mein heutiger Nationalmannschaftstrainer, der schon damals Trainer in Bietigheim war, versuchte mich mit einem „Du hast es wenigstens versucht" zu trösten. Vergebens. Das Spiel war einfach brutal schlecht gewesen. So schlecht, dass selbst mein Dutt, den ich mir für die Spiele binde, mitten in der zweiten Halbzeit explodierte. Was für eine Niederlage.

Alarm in der Kabine

Zurück in Budapest, passierte etwas, das ich so in meiner Karriere ebenfalls noch nicht erlebt hatte. Es gab richtig Alarm, sprich: Wir bekamen mächtig Druck vom Verein. Jetzt ist unser Verein FTC Budapest neben Győr einer der zwei absoluten Topclubs in Ungarn. Extrem erfolgreich und auch durch die Beziehungen unseres Vereinspräsidenten Gábor Kubatov zu Viktor Orbán mit sehr guten finanziellen Möglichkeiten ausgestattet. Das heißt aber auch: Wenn es trotz hoher Investitionen in den Kader nicht läuft, wird es ungemütlich. Und es wurde ungemütlich. Unser Abteilungsleiter musste mit dem gesamtem Trainerteam inklusive Staff beim Gesamtvorstand vorsprechen. Wie denn so etwas passieren könne. Kurz darauf bekamen wir die Ansage von oben nach unten in die Kabine durchgereicht.

Die Kabinenpredigt war nicht laut, nicht aufbrausend – im Gegenteil. Sie war eher leise. Bedrohlich leise. Wir Deutschen und auch die anderen ausländischen Spielerinnen verstanden die Ansagen immer erst leicht zeitversetzt. Lilla, unsere Dolmetscherin, machte ihren Job – auch, wenn wir uns an diesem Tag nicht sicher waren, ob wir die Übersetzung hören wollten. So sahen wir erst die entsetzten Gesichter unserer ungarischen Mitspielerinnen. Was, was, was? Gehalt kürzen? Rausschmiss? Haben wir das richtig verstanden? Wir hatten richtig verstanden, auch wenn es bei der Androhung blieb. Und wir hatten auch verstanden, worum es der Vereinsführung eigentlich ging: Man konnte verlieren, klar. Auswärts, in der Champions League, sowieso. Aber eben nicht auf diese beschämende Art und Weise. Wir bekamen vom Verein eine Art letzten Warnschuss. Und wurden auch noch mal an das mit viel Pathos aufgeladene Vereinsmotto erinnert. „Küzdeni mindig, feladni soha!“ „Immer kämpfen, niemals aufgeben!“

Mental waren wir in einem richtigen Loch. Nach so einer Klatsche noch an eine gute Champions-League-Saison zu glauben, ist nicht einfach. Wir versuchten, uns in der Liga abzuarbeiten und über bessere Spiele auch wieder ein besseres Gefühl zu bekommen. Doch nach einem Sieg in der Liga setzte es direkt den nächsten Dämpfer. Wir verloren zuhause gegen Brest das nächste Champions-League-Spiel. Mit einem Tor nur, aber wir verloren. Diesmal gab es keinen neuen Druck oben drauf, stattdessen Aufmunterungs- und Motivationsversuche. Vom Verein, vom Trainerteam, klar, und auch von unseren Fans, die wie immer ganz krass und geschlossen hinter uns standen. Bei jedem Tiefpunkt in dieser verrückten Saison und bei jedem Erfolg sowieso, beispielsweise nach unserem anschließenden Sieg im vierten Champions-League-Spiel. Wir revanchierten uns für die bittere Vorjahrespleite mit einem 32:30-Sieg bei RK Krim Ljubljana und kamen so wieder in ruhigeres Fahrwasser. Wir spielten gut, phasenweise sehr gut und wir gewannen unsere Partien. Es lief.

Auszeit mit der Nationalmannschaft

Im November standen die Spiele mit der Nationalmannschaft an. Europameisterschaft in Montenegro, Mazedonien und Slowenien. Drei Siege, drei Niederlagen. Wir verpassten den Halbfinaleinzug. Ich persönlich war insgesamt mit meinem Auftritt zufrieden, wir spielten – besonders in der Hauptrunde – guten Handball. Mit Rückenwind ging es zurück nach Budapest. Doch wie so oft in dieser Saison, drehte der Wind schnell. Wir spielten zweimal Champions League gegen CSM Bukarest und verloren beide Spiele. Der nächste Dämpfer. Die nächsten beiden Dämpfer. Und ausgerechnet jetzt kam das Topspiel in der Liga gegen den Dauerrivalen Győri ETO KC.

Die Spiele gegen Győr sind immer etwas Besonderes. Viel Werbung, Live-Übertragung im Fernsehen, ausverkaufte Halle, Megastimmung – einfach nur geil. Wir waren nach unserer wilden Achterbahnfahrt durch die bisherige Saison und den zwei Pleiten gegen Bukarest eher der Underdog. Aus dieser Rolle heraus gewannen wir mit sechs Toren. Unsere Fans fackelten die Halle ab, das war eine irre Stimmung. Von den Niederlagen gegen Bukarest war nichts mehr zu spüren. Wir hatten den großen Rivalen klar geschlagen und das Rennen um die Meisterschaft von nun an selbst in der Hand. Mit neuem Selbstvertrauen gewannen wir auch die folgenden Spiele.

Im Januar 2023 hatten wir dann ein paar richtig enge Spiele. Erst verloren wir mit einem Tor in der Champions League bei den Vipers Kristiansand, was einen faden Beigeschmack hatte, weil wir mit der letzten Aktion nur einen Freiwurf bekamen, obwohl die Abwehr klar durch den Kreis gelaufen war. Danach stellten wir uns im Ligaheimspiel gegen Debrecen unfassbar dumm an. Wir nahmen das Spiel zu leicht, wechselten viel zu viel durch und mussten am Ende mit einem Remis vorliebnehmen. Unser komfortabler Ligavorsprung war weg. Wie dumm kann man eigentlich sein?

Aber es kam noch dicker. Wir verloren ein weiteres Spiel in Brest, obwohl wir uns Wiedergutmachung fürs Hinspiel vorgenommen hatten. Und beinahe verloren wir sogar noch das Ligaspiel gegen MTK Budapest, gegen die wir normalerweise gar nicht verlieren können. Dieses Mal lagen wir fast die gesamte Spielzeit hinten. Unser Coach rastete vom Feinsten aus. Mit einem Last-Minute-Siegtor wendeten wir die nächste richtige Krise ab.

Der Dutt hielt

Dann kam das Rückspiel gegen Bietigheim. Die Erinnerungen kamen wieder hoch: 20:40. Zwanzig zu vierzig! Egal, vergessen – schließlich waren wir in der Tabelle alle eng beieinander und wir konnten den Einzug in die Playoffs aus eigener Kraft schaffen. Als Vorbereitung studierten wir die Videos aus dem Hinspiel: Pre-Match-Analyse. Es war extrem schwer zu ertragen. Aber es entwickelte sich auch eine Leichtigkeit, die man im Nachhinein ziemlich exakt an meinem im Hinspiel explodierten Dutt festmachen konnte. Zu lustig sah das einfach aus, wie mir die Haare weggeflogen waren. Immer, wenn ich im Bild war, mussten wir alle lachen. Das war gut, es tat uns einfach gut in dieser Phase. Genau diese gute Laune trug uns dann durch die Woche der Spielvorbereitung. Und noch weiter: Wir gewannen mit fünf Toren Vorsprung. Der Dutt hielt.

Passend zum bisherigen Saisonverlauf mussten wir nicht lange auf den nächsten Dämpfer warten. Diesmal erwischte es uns in der Liga. Wir spielten wieder nur unentschieden. Nach dem Spiel saß ich in der Kabine. Ich konnte die Tränen nicht mehr zurückhalten, ich war so enttäuscht, so wütend. Wir hatten es durch unsere schlechte Einstellung selbst verbockt und unseren Vorsprung auf Győr jetzt komplett hergeschenkt. Immerhin zeigten wir eine gute Reaktion und siegten in Odense, obwohl wir mittlerweile das Ticket für die Champions-League-Playoffs schon gelöst hatten. Mit einem 17-Tore-Kantersieg warfen wir uns danach warm für die zwei Playoff-Spiele gegen Podgorica, die wir beide souverän gewannen. Und auf einmal standen wir tatsächlich im Viertelfinale der Champions League. Wir waren auf der Achterbahn wieder oben angekommen.

Davor warteten aber noch zwei weitere Duelle mit Győr. Zuerst in der Liga, auswärts. Wieder herrschte eine aufgeladene, hitzige, beeindruckende Stimmung. Wir waren allesamt *on fire*, Győr eingeschlossen. Und die beiden Fanlager sowieso. Fast 5.000 Fans waren am Start, Pyrozauber vom Feinsten. Dazu – wenn auch durch unsere Aussetzer geschmolzen – noch die sechs Tore Puffer aus dem Hinspiel. Unser Torwarttrainer Norbert Duleba sagte mir noch, ich solle auf keinen Fall gezogen-tief werfen. Ich warf gezogen-tief, und zwar direkt im ersten Angriff. Gehalten, symbolisch für das Spiel. Wir gingen unter mit 20:31. Obwohl wir unsere restlichen Ligaspiele gewannen, holte sich Győr die Meisterschaft.

Dafür holten wir uns nur drei Wochen später den Pokalsieg. Wieder gegen Győr im Finale. 28:27. Äußerst knapp. Egal, das interessierte nach dem Abpfiff niemanden mehr.

Das Unmögliche möglich gemacht

Was aber noch interessierte, war natürlich unser Viertelfinale in der Champions League. Am 29. April empfingen wir Metz, wir hatten zuerst Heimrecht. Jetzt war Metz als Bronzemedaillengewinner aus dem Vorjahr keine

Laufkundschaft, ganz und gar nicht. Trotzdem hatten wir uns richtig was vorgenommen. Wir hatten die Chance, das Final Four und damit auch das vom Club gesteckte Ziel zu erreichen. Ich selbst rief an dem Tag eine meiner besten Leistungen in einem Champions-League-Spiel ab, aber wir verloren dennoch mit 26:32. Sechs Tore Unterschied. Das war's. Schon nach dem Hinspiel zerplatzt, der Traum vom Final Four.

Mit gemischten Gefühlen flogen wir eine Woche später zum Rückspiel nach Metz. Wir hatten nichts mehr zu verlieren. Sechs Tore hatte in einem Champions-League-Viertelfinale schließlich noch keiner aufgeholt. Trotzdem wollten wir uns vernünftig verabschieden und noch mal alles geben.

Metz hatte bereits eine Party zum Einzug ins Final Four organisiert. So etwas ist immer gefährlich … Wir witzelten drauflos. „Na, ob da nicht jemand zu früh die Party geplant hat?" Aber glaubten wir an ein Wunder? Ganz ehrlich: nein.

Zur Halbzeit stand es unentschieden. „Schade, dass wir sechs Tore Rückstand aus dem Hinspiel haben. Echt schade", meinte Leki. Und plötzlich gingen wir in Führung. Erst ein Tor, dann zwei Tore, dann drei. Metz bekam Nervenflattern. Und wir blieben cool. Wir blieben sogar richtig cool und bauten unseren Vorsprung auf sechs, sieben Tore aus. In der Auszeit kurz vor Schluss schrie ich nur zur Bank: „Welches Ergebnis brauchen wir?!" Egal, scheißegal, wir gewinnen einfach mit sieben jetzt, dachte ich. Und wir gewannen mit sieben. Metz war am Boden.

Metz war draußen. Und wir lagen uns in den Armen, heulten vor Freude und konnten es kaum fassen.

Als wir in die Kabine kamen, sprach Trainer Gábor Elek zu uns: „Ich dachte, das wäre heute mein letztes Championsleaguespiel mit euch gewesen. Und ich bin froh, dass wir jetzt noch zwei weitere haben. Aber wundert euch bitte nicht – gleich geht noch eine Pressemeldung raus. Ich werde nach der Saison hier als Trainer aufhören." Entgeisterte Gesichter bei den ungarischen Spielerinnen. Hektische Übersetzung von Lilla für uns, dann war klar: Der Coach würde im Sommer gehen. Und die PM dazu ging eine Stunde nach unserem Einzug ins Final Four raus, eine Stunde nach dem größten Triumph der Vereinsgeschichte. Irre. In dieser Saison war irgendwie nichts normal.

Als Partycrasher zurück nach Budapest

Als Partycrasher von Metz fuhren wir zum Flughafen. Unterwegs bekamen wir die Info, dass es keine Tickets mehr für das Final Four bei uns zu Hause in Budapest gab. Ausverkauft, direkt, nachdem wir doch noch weitergekommen waren. Wir flogen zurück und drehten dann mit dem Bus am selben Abend eine besondere Ehrenrunde: vorbei am MVM Dome, der Spielstätte fürs Final Four. Der Dome leuchtete in Vereinsfarben, auf dem großen Screen waren Bilder von uns zu sehen, von unserem krassen Sieg in Metz, dazu der Schriftzug: „Szép volt, lányok!" „Toll gemacht, Mädels!" Und auch wir waren stolz auf uns. Es war einfach magisch.

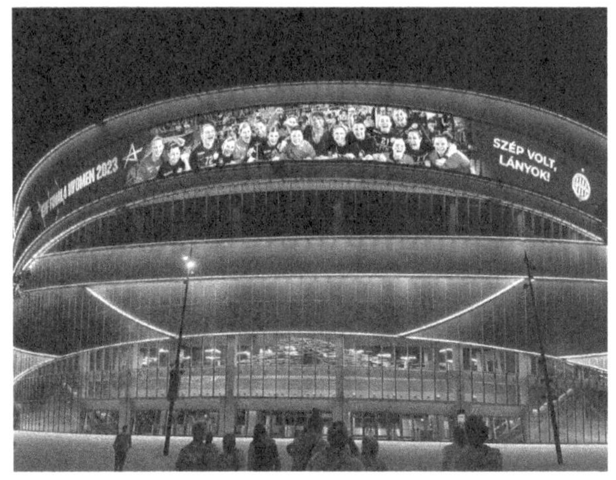

Nach dem überraschenden Final-Four-Einzug war der MVM-Dome in Budapest mit einem Bild der Siegerinnen illuminiert.

Von jenem Abend an hatten wir nur noch das Final Four im Kopf. Pünktlich zum größten Spiel meiner Karriere meldete sich meine Achillessehne mit einer Entzündung zu Wort. Es war mir egal. Und wenn mir der Fuß abfliegen sollte – ich würde dieses Final Four spielen.

Die Vorfreude stieg von Tag zu Tag. Anja Althaus, die mehrere Final Four in ihrer Karriere spielen durfte, gab mir einen sehr wertvollen Tipp. Sie riet mir, nicht nur im Tunnel zu sein, sondern zwischendurch zu versuchen, es einfach zu genießen, die Atmosphäre aufzusaugen. Und genau das tat ich. Ich genoss das erste Training in dieser riesigen, noch leeren Halle. Ich saugte alles auf: den Medienhype, die Ekstase bei unseren Fans, die Stimmung im Verein, in unserer Mannschaft. Es war so heftig. Ich hatte noch nie etwas Vergleichbares erlebt.

Dann kam der 3. Juni. Champions-League-Halbfinale. Wir spielten als zweites. Die Vipers hatten vor uns gegen Győr gespielt und gewonnen, die Halle war entsprechend gut aufgeheizt. Gemeinsam mit unseren rund 10.000 heimischen Fans im Rücken feierten wir ein gigantisches Handballfest, einen Weltrekord: 20.022 Fans kamen zu unserem Spiel in den MVM Dome. Mehr geht nicht.

Mein Traum wurde wahr

Für mich persönlich war damit mein größter Traum wahrgeworden. Ich spielte ein Final Four. Und ich erinnerte mich an Anjas Tipp und hatte tatsächlich vor dem Spiel diese paar Momente, in denen ich einfach nur alles intensiv genoss. Einlaufen, Aufwärmen, dazu unser Vereinslied, eine leicht angepasste Variante des Partyklassikers *Freed From Desire*. Und die Fans, die genauso heiß auf das Spiel waren, wie wir.

Die erste Halbzeit war nicht wirklich herausragend. Gábor kam zu mir und sagte, ich sollte mehr Akzente setzen. „Ja, klar. Mache ich gerne", antwortete ich. „Dazu muss ich aber auch mal den Ball über links bekommen – wir spielen nur über rechts bisher!" Also änderten wir unser Spiel, der Ball kam im zweiten Durchgang endlich auch öfter und mit mehr Druck zu mir. So kam ich immer besser ins Spiel und drückte ihm meinen Stempel auf.

Das Spiel war eng, keiner konnte sich entscheidend absetzen, mehr Spannung ging nicht. Unentschieden, noch 20 Sekunden auf der Uhr. Auszeit. Gábor gab einen Spielzug vor. Ich dachte, ich hätte alles verstanden. Bis Leki plötzlich mit mir die Position tauschen wollte. Hä? Was wird das denn jetzt? Da merkte ich: Ich hatte keine Ahnung, was angesagt war. Scheiße, nur kein Gegentor mehr kassieren. Ich tankte mich in die Abwehr – Freiwurf. Jetzt waren es nur noch wenige Sekunden, sodass ich hochstieg und alles in diesen einen Wurf legte. Ich weiß nicht mehr, wie viele Hände der Gegnerinnen an mir hingen. Aber ich weiß noch, dass ich nichts sehen konnte. Ich landete mit dem Kopf in die falsche Richtung – das Tor war komplett verdeckt, irgendwo in meinem Rücken. Und plötzlich fingen alle an zu schreien. Die ganze Halle rastete aus. Der Ball *musste* also drin sein.

Der Ball war drin. Abpfiff. Finale. Absolute Ekstase. Wir lagen uns in den Armen, weinten vor Glück. Sogar mein Dutt explodierte wieder – und es war mir sowas von egal!

Obwohl wir schon am nächsten Tag das Finale spielten, nahm ich mir wieder ein wenig Zeit, um alles auf mich wirken zu lassen. Es war einfach viel zu krass. Ich bekam so viele Glückwünsche geschickt, so unendlich viele Videos mit meinem Buzzerbeater. Aus allen Blickwinkeln sah ich das Tor noch einmal und das, was danach in der Halle abging. Ich glaube, ich bin noch nie so gut und so glücklich nach einem Spiel eingeschlafen wie an diesem Abend.

Absolutes Glücksgefühl

Zum Final Four waren neben meiner Familie auch viele Freunde nach Budapest gekommen – ein kleiner

Zwölf-Personen-Emmy-Fanblock. Das machte es ganz besonders für mich. Es war schade, dass sie nicht noch einen zweiten Sieg am Sonntag von mir sahen. Denn am Ende hatten wir gegen die Vipers keine Chance. Wir verloren 24:28 gegen Kristiansand. Wir waren traurig, ja. Und auch bei mir kullerten nach dem Abpfiff ein paar Tränen. Wegen der vergebenen Chance – es wäre einfach zu schön gewesen. Aber das dauerte nur kurz, dann kamen die Freude und der Stolz hoch. Wegen der gesamten Saison. Wegen dieser krank-geilen Saison, diesem Auf-und-ab, dieser völlig irren Achterbahnfahrt, an deren Ende wir entgegen aller Wahrscheinlichkeit die Silbermedaille in der Champions League gewonnen hatten. Diese Medaille werde ich nie wieder abnehmen, dachte ich in dem Moment.

Später am Abend feierten wir unseren historischen Erfolg. Der Verein hatte einen ganzen Club für uns gemietet, Open Air, erst für uns mit der Mannschaft, später kamen die Familien und Freunde dazu. Die Feier war der Hammer. Wir machten die Nacht durch, bis irgendwann über uns die Sonne wieder aufging. Wir tanzten, lachten, es war eine einzige, nicht enden wollende Party.

Mittendrin hielt ich noch mal einen kurzen Moment inne, nur für mich. Meine Achillessehne spürte ich überhaupt nicht mehr. Aber die Silbermedaille, die um meinen Hals hing, die spürte ich. Ich spürte das Gefühl von Stolz und Zufriedenheit. Und ich spürte ein absolutes Glücksgefühl, wie ich es so vorher noch nie gespürt hatte.

HENNING FRITZ

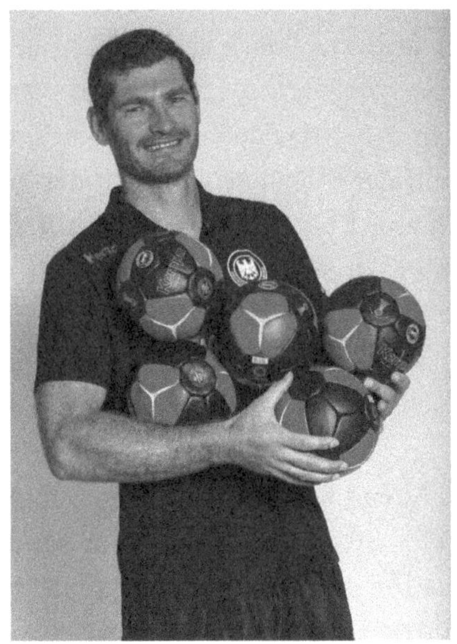

Name: *Henning Fritz*
Spitzname: *Fritze*
Position: *Tor*
Geboren am: *21. September 1974*
Geboren in: *Magdeburg*
Größter Erfolg: *Weltmeister 2007*
Handball ist für mich: *Spannung und Dynamik bis zur letzten Sekunde. Deswegen habe ich Bock auf Handball!*

HEIMLICH AUF DER AUTOBAHN

Alles gegeben, alles gewonnen – und doch beinahe alles verloren. Meine Erschöpfung zu besiegen, war die größte Leistung meiner Karriere.

Ich war Deutscher Meister, Pokalsieger, Europapokalsieger, Silbermedaillengewinner bei den Olympischen Spielen und Welthandballer. Später sollten noch der Champions-League-Titel und der Weltmeistertitel dazukommen. Trotzdem saß ich am Steuer meines Autos und fuhr heimlich knapp 400 Kilometer über die A7 und die A2 von Kiel nach Paderborn. Um mir helfen zu lassen. Um Alternativen an die Hand zu bekommen. Ich hatte Erschöpfungssymptome, war antriebslos, alle, leer. Dass ich einmal der Beste der Welt sein würde, dass ich so viele Titel sammeln würde, hätte ich damals, als alles anfing, nicht gedacht. Aber ich hatte damals, bei meinen ersten Trainingseinheiten in der DDR, natürlich auch nicht damit gerechnet, dass mich der Handball, dass mich mein Brennen für meinen über alles geliebten Sport so ausbrennen, mich so ans Limit bringen würde. Und darüber hinaus. Ich war völlig erschöpft und ich wusste nicht, wie ich mit meiner Karriere weitermachen sollte.

1988 bekam ich meinen ersten Profivertrag beim SC Magdeburg. Ich war zuvor den klassischen DDR-Weg gegangen mit Handball-AG in der Schule und Trainingszentrum. Und wurde dann mit 14 Jahren über Sichtungen in eine Sportschule delegiert. Von da an bekam ich zweimal am Tag Training und gab immer mein Bestes. Ehrgeizig war ich, auch damals schon. Ich wollte einfach eines Tages zu den Besten gehören, und das, obwohl ich mit meinen 1,88 Meter sicher nicht zu den längsten Torhütern zählte. Ich war nicht von Anfang an der Toptorhüter, das wirklich nicht. Ich entwickelte mich über die Jahre, musste viel an mir arbeiten, um besser zu werden. Wenn ein Niklas Landin beispielsweise einen schlechten Tag hat, holt er durch seine standardisierten Bewegungen und sein Talent flach und mittelhoch immer noch 30 Prozent aus den Ecken. Um auf diese Prozentwerte zu kommen, musste ich viel Energie investieren. Ich kam eher über die Reaktion und konnte mich in Spiele reinsteigern, wurde über die Emotionen immer besser. Das war meine große Stärke. Und gleichzeitig auch meine Achillesferse, wie sich später herausstellte.

Es ging stetig aufwärts

Meine erste Saison spielte ich noch vor den Augen meines früheren Vorbilds Wieland Schmidt, der 1988 Torwarttrainer beim SCM war. Schmidt war in den 1970ern und 1980ern einer der besten Keeper der Welt. Mit Magdeburg hatte er von 1974 bis 1989 kein einziges Heimspiel in der Hermann-Gieseler-Halle verloren. Wahnsinn. Und ich war jetzt auch hier beim SCM und wurde später der Nachfolger des „Phantoms“ Schmidt.

Ich lernte viel und schaute mir auch immer viel ab. Von Dejan Perić beispielsweise, dem sogar nur 1,86 Meter großen Torwart der jugoslawischen und später dann serbischen Nationalmannschaft. Dadurch gewann ich an Profil, ich steigerte mich von Saison zu Saison. 1993 machte ich mein erstes Bundesligaspiel für Magdeburg. Im November 1994 debütierte ich für die Deutsche Nationalmannschaft. Gegen Ungarn, in meiner Heimatstadt Magdeburg. Es ging stetig aufwärts mit mir und meiner Karriere. 1996 holten wir den DHB-Pokal und schlugen TuSEM Essen im Finale. 1999 gewannen wir den Europapokal. Das Hinspiel hatten wir in Valladolid verloren. Aber das Rückspiel im Hexenkessel Bördelandhalle, die seit 1997 unsere Heimat war, hatten wir klar gewonnen. Und 2001 – zum Abschied meiner langen Zeit in Magdeburg – wurden wir Deutscher Meister mit dem SCM und EHF-Pokalsieger. Übrigens durch einen fulminanten 28:18-Finalsieg auswärts im Rückspiel gegen RK Metković, nachdem wir das Hinspiel nur hauchdünn mit einem Tor gewonnen hatten. Ein schöneres Abschiedsgeschenk hätte ich mir nicht machen können. Es war überwältigend!

Über Kiel zum Welthandballer

Im Sommer 2001 wechselte ich zum THW Kiel. Als Deutscher Meister, als Nationaltorwart, als Kapitän. Während in Magdeburg nicht alle glücklich über meinen Wechsel waren, hatten die THW-Fans allen Grund zur Freude. Mit Mattias Andersson an meiner Seite wurde ich noch mal besser. Als Vizekapitän reifte ich sportlich zu einem auch im internationalen Vergleich sehr guten Torwart. Ich lernte in dieser Zeit, den Hunger auf Erfolg zu spüren und alles dem Erfolg unterzuordnen. Mit dem THW stillten wir diesen Hunger und bekamen gleichzeitig immer mehr Appetit. Nach dem Spiel war vor dem Spiel – und nach dem Titel war vor dem Titel. 2002 gewannen wir die Meisterschaft und den Europapokal, bei der WM 2003 wurde ich – wie auch bei den Olympischen Spielen 2004, der EM 2004 und der WM 2007 – zum besten Torhüter ins Allstar-Team gewählt. 2004 wurde ich Europameister und Anfang 2005 als Welthandballer des vergangenen Jahres gekürt. Ich war ganz oben angekommen, hatte so gut wie alles, wofür ich immer so hart trainiert und gearbeitet hatte, gemeinsam mit den guten Mannschaften, für die ich spielen durfte, erreicht. Von jetzt an ging es bergab.

Ich war der beste Torwart der Welt. Das galt es fortan, zu verteidigen. Zumindest hatte ich plötzlich dieses Gefühl. Ich hatte das Gefühl, diesen Titel in jedem Spiel verteidigen zu müssen. Immer und immer wieder. Das war eine völlig neue mentale Situation für mich. Und eine neue Sichtweise, die aber – wie sich später herausstellte – überhaupt nicht leistungsfördernd war. Der Ansporn, etwas erreichen zu *wollen,* wuchs nun nicht mehr aus mir heraus. Plötzlich war mein Gefühl negativ, ich war in eine Verteidigungshaltung gerutscht. Meine Emotionen waren nicht mehr positiv getriggert – es waren jetzt eher angestrengte, gehetzte, negative Beweggründe. Es war jetzt gefühlt meine *Pflicht*, zu bestehen und zu verteidigen. Und das fühlte sich nicht gut an. Ich wurde schwächer. Training für Training, Tag für Tag, Spiel für Spiel. Es war kein dramatischer Einbruch von einem auf den anderen Tag. Vielmehr ein langsamer, schleichender Prozess. Meine Emotionen wurden weniger, die für mein Spiel so wichtig waren. Das, was mich als Torwart groß gemacht hatte, war nicht mehr da. Ich konnte meine Emotionen einfach nicht mehr abrufen. Es war, als wäre ein wichtiger Teil von mir verloren gegangen. Aber ich wusste nicht, wo ich suchen sollte. Wir wurden zwar wieder Deutscher Meister. Aber ich konnte es nicht genießen.

Ruhe, einfach nur Ruhe

Zeitgleich wurde ich auch das zweite Mal Vater. Marike kam zur Welt. Meine Frau Babett, unsere ältere Tochter Laney und Marike – sie alle wollten an freien Tagen mit mir etwas unternehmen, gemeinsam als Familie Zeit verbringen, wenn ich nicht in der Halle war. Ich dagegen sehnte mich nach Ruhe, einfach nur Ruhe. Ich war antriebslos, verspürte eine innere Leere, wollte aber auch meiner Familie gerecht werden. Ich sprach zunächst nur mit meiner Frau darüber, die mir für meinen Beruf den Rücken freihielt. Kurzfristige Lösungen haben wir nicht gefunden. Wie auch. Und so versuchte ich, meine Situation mit mir selbst irgendwie auszumachen. Mit dem Wissen von heute hätte man vielleicht eher, besser, adäquater reagiert. Aber für die damalige Zeit handelte ich nach bestem Wissen und Gewissen, wie man so schön sagt.

Während ich mich also zwangsläufig weitgehend mit mir selbst beschäftigte, liefen beim THW die Vorbereitungen für die Saison 2005/06 auf Hochtouren. Der französische Über-Handballer Nikola Karabatić wurde verpflichtet. Unser Kader wurde noch mal verstärkt. Trainer Zvonimir Serdarušić sollte und wollte alles gewinnen. Der Meistertitel war beinahe Standard – THW Kiel eben.

Die Vorbereitung war extrem hart. Ich persönlich konnte jedoch nur sehr eingeschränkt teilnehmen. Mein Sprunggelenk machte Probleme. Keine große Verletzung – aber irgendetwas stimmte nicht. Im Urlaub in Griechenland war ich bei einer Aktion am Pool falsch aufgekommen. Das führte dazu, dass ich in der gesamten Aufbauphase nur Halbgas geben konnte. Für jemanden, der wie ich über die Basics wie Kraft und Ausdauer und über seine Emotionen kommt, war das nicht gut. So kam es, dass ich bereits zu Beginn der neuen Spielzeit im roten Bereich drehte. Ich war kurzatmig, fast bei jedem Training und in jedem Spiel sofort im sauren Bereich. Nicht nur physisch, auch kognitiv ließ ich nach. Ich nahm die Bälle nicht mehr so gezielt wahr, antizipierte die Würfe nicht mehr so gut, ich war einfach nicht mehr der Henning Fritz, der ich noch wenige Monate zuvor war. Und selbst außerhalb des Spielfelds beeinflusste mich mein Erschöpfungszustand. Ich brauchte viel mehr Schlaf, der aber nicht erholsam war. Ich schlief teilweise zehn Stunden und mehr, ohne mich danach wach und ausgeschlafen zu fühlen. Auch Mittagsschlaf brachte keine Erleichterung.

„Das wird schon wieder"

Entsprechend anstrengend war die Saison für mich. Meine Leistungen waren nur noch mäßig, ich schleppte mich von Spiel zu Spiel und hangelte mich in die Winterpause. Die es für mich eigentlich nicht gab. Schließlich fand die EM in Innsbruck statt. Ich spielte durchschnittlich, ja. Aber besser ging es nicht. Ein Jahr dauerte dieser Zustand jetzt schon an. Zu Beginn der Rückrunde sprach ich mit dem Verein darüber. „Bestimmt ein Formtief, nicht ungewöhnlich. Das wird schon wieder", hieß es. Aber es wurde nicht. Ich war in einer Abwärtsspirale. Keine Power mehr, immer schlechtere Leistungen, dadurch immer weniger Spielanteile, weniger Erfolgserlebnisse, noch weniger Power. Und ich hatte keine Ahnung, wie ich da wieder rauskommen sollte.

Ich ging zum Arzt, nicht nur einmal. Körperlich war alles in Ordnung, meine Werte waren top. Eine richtige Erklärung bekam ich nicht. Es war eine andere Zeit, das Burn-out-Syndrom war noch nicht in jeder Arztpraxis angekommen, in der Gesellschaft sowieso nicht und im Handball schon mal gar nicht. Also musste ich mir selbst helfen. Aber wie? Ich probierte vieles, auch aus dem alternativmedizinischen Bereich – nichts half mir. Parallel zu meinen Bemühungen verpflichtete der THW den Ausnahme-Torwart Thierry Omeyer, der im Sommer 2006 zu uns kam.

Ein klares Signal auch, dass ich nicht mehr die Nummer eins war. Genau genommen war ich in der Hinrunde der Saison 2006/07 nur noch die Nummer drei, hinter Thierry Omeyer und Mattias Andersson. Es war deprimierend.

Schorsch und der entscheidende Tipp

Im Herbst 2006, wenige Monate vor der WM im eigenen Land, traf ich mich mit Markus Baur. Unsere Familien waren schon damals gut miteinander befreundet. Wir sprachen über dies und jenes, natürlich auch über Handball. Und ich erzählte ihm von meiner Erschöpfung und dass ich bislang erfolglos versucht hatte, wieder in die Spur zu finden. Er war es letztlich, der mir einen, wenn nicht den entscheidenden Tipp auf dem Weg zurück zu alter Stärke gab. *Frequenzmodulierte Musik.* Ich hatte noch nie davon gehört. Aber was Schorsch, so nannten wir ihn beim Handball ja alle, da erzählte, klang total logisch. Durch bestimmte Frequenzen kann man über auditive Reize auf das vegetative Nervensystem einwirken. Je nach Frequenz lässt sich so der Sympathikus aktivieren, jenes Nervengeflecht, das für Aktivierung steht – oder eben der Parasympathikus, der Gegenspieler, der Taktgeber für Erholung und Regeneration. Schorsch hatte aus seinem Umfeld davon gehört und gab mir den Kontakt eines Spezialisten, der Menschen dabei half, ihre körpereigenen Regenerationsfähigkeiten zu aktivieren.

Was hatte ich zu verlieren? Ich beschloss, der Sache eine Chance zu geben, und fuhr in den folgenden Wochen immer wieder von Kiel aus in die kleine Praxis nach Blomberg-Wellentrup, nordöstlich von Paderborn gelegen – beziehungsweise südöstlich von Lemgo, das können Handballer auf der Landkarte besser verorten. Keiner außer meiner Frau und Schorsch wusste zunächst davon. Als Profihandballer eine Burn-out-Diagnose? Da wäre damals vermutlich die Karriere vorbei gewesen. Selbst heute halte ich es – leider – immer noch für ein Karriererisiko. So sinnvoll ein schnelles Handeln auch ist.

Die Richtung stimmte

Ich betrieb einen irren Aufwand, um heimlich jedes Mal die Distanz von Kiel nach Paderborn zurückzulegen. Training, im Anschluss abends hin, eine Sitzung, Übernachtung im Hotel, morgens noch eine Sitzung, zurück, Mittagsschlaf, Training. Es war anstrengend. Es war noch mehr Stress obendrauf. Aber es half. Nicht sofort. Und nicht mit voller Wucht. Aber es änderte sich endlich etwas. Ich änderte etwas. Und das war ein Impuls, ein Weckruf, ein Signal an mich selbst, dass es wieder aufwärts gehen konnte. Ich schlief im Anschluss an die Sitzungen anders. Nicht länger, im Gegenteil. Aber besser. Ich fühlte mich jedes Mal ein kleines bisschen erholter nach dem Schlaf. Die Richtung stimmte.

Sportlich blieb zunächst alles beim Alten. Ich war die Nummer drei, unzufrieden, weitgehend kraft- und emotionslos. Und trotzdem hielt unser Bundestrainer an mir fest. Heiner plante die WM mit mir. Dank ihm durfte ich Teil dieses Wintermärchens 2007 werden. Er wusste, was er an mir hatte, und schenkte mir sein Vertrauen. Das machte mir Mut. Die Lehrgänge mit der Nationalmannschaft im Vorfeld des Turniers bauten mich ein wenig auf. Schließlich war ich dabei, als Nummer eins. Ob es dann beim Turnier die 1a, 1b oder 1c werden würde – egal. Ich war am Start. Auch die Trainings mit Torwarttrainer Andreas Thiel taten mir gut. Ich bekam einfach mal wieder positives Feedback. Insgesamt spielten wir eine eher schwache Vorbereitung, inklusive der Testspiele gegen Ägypten unmittelbar vor WM-Beginn. Ich fiel dabei nicht auf, da wir durch die Bank weg nicht den Eindruck eines potenziellen Titelanwärters machten. Und dennoch: Auch wenn wir es nach den Leistungen nicht glaubhaft formulieren und nach außen verkaufen konnten, entstand bei uns die Vision, im eigenen Land Weltmeister zu werden. Bis die Polen kamen.

Gefühlt waren wir draußen

Die Vorrunde lief mittelmäßig. Wir gewannen zwar die ersten beiden Spiele gegen Brasilien und Argentinien – aber das war auch nicht der Maßstab. Der kam in Spiel drei mit Polen. Und die Polen zeigten uns unsere Grenzen auf. Wir verloren mit 25:27 und gingen dadurch mit einer Hypothek in die Hauptrunde. Da waren wir gefühlt schon draußen. Wir waren enttäuscht, niedergeschlagen, auf dem Tiefpunkt.

Am nächsten Tag kam es dann zur sogenannten Pizza-Affäre. Wir bestellten uns kurz vor Mitternacht noch Pizza ins Hotel. Am Vorabend unseres Alles-oder-nichts-Spiels gegen die Slowenen. Dummerweise lief der Pizzabote direkt an Heiner Brand vorbei und fragte an der Rezeption lautstark nach der Deutschen Nationalmannschaft, die die Pizza „in Absprache mit dem Trainer" bestellt habe. Die Standpauke von Heiner kann ich noch heute Wort für Wort mitsprechen. „Ich sitze gestern Abend unten, war gerade vom Video gekommen, habe ein paar isländische Kampfschweine gesehen, die gegen Frankreich gewonnen haben. Und ich sehe dann auf einmal einen Kellner mit Pizza hier hochlaufen. Um Viertel nach elf, vor dem wichtigsten Spiel einer Karriere. Das ist eine Art Mentalität, die ich in der Jugendfreizeit irgendwo finde. Wir sind abends unterwegs und holen noch irgendwo eine Pizza. Aber doch nicht vor dem wichtigsten Spiel der Karriere! Da stimmt irgendwas nicht! Die Isländer kämpfen um jeden Ball. Und ich habe eine Mentalität: So spielen wir heute Abend auch – und dann läuft der Pizzabäcker an mir vorbei. Da könnt Ihr mir heute Abend eine Antwort drauf geben!" Heute lachen alle Beteiligten darüber – selbst Heiner. Damals war keinem zum Lachen zumute. Wir waren mucksmäuschenstill. Heiner hatte uns mit seiner natürlich absolut berechtigten Kritik getroffen. Wir hatten verstanden – und zeigten gegen Slowenien die einzig richtige Reaktion.

Wir nahmen Fahrt auf, zogen die Fans auf unsere Seite, spielten besser als in den Partien zuvor. Auch ich wurde immer besser. Und spürte langsam auch wieder mehr Emotionen, getragen von den Zuschauern, den Mitspielern, von der ganzen Atmosphäre, die von Spieltag zu Spieltag immer besser wurde und zum Turnierende hin völlig irre Züge annahm.

Ich fühlte mich wieder wohl im Tor

Gepusht von unserem Sieg gegen die Slowenen, schlugen wir auch Tunesien, Frankreich und Island. Trotz der frühen Niederlage gegen Polen zogen wir ins Viertelfinale ein. Dort gewannen wir mit 27:25 gegen Spanien. Ich hielt sehr gut, fühlte mich endlich wieder wohl im Tor. Und dann kam das Halbfinale. Gegner: wieder Frankreich, diesmal vor 19.000 Zuschauern in der Kölnarena. Ein verrücktes Spiel. Es ging zweimal in die Verlängerung. Am Ende siegen wir mit 32:31. Ich machte ein Riesenspiel. Wir alle machten ein Riesenspiel.

Der Weg zum Finale war an sich schon unbeschreiblich. Als wir mit dem Bus über die Autobahn fuhren, standen Menschen mit Deutschland-Fahnen auf den Autobahnbrücken und winkten uns zu. Es war fantastisch. In der

Kölnarena sangen wir mit erneut 19.000 Fans die Nationalhymne, einfach überwältigend. Und auch wenn ich mich im Finale gegen Polen, bei der Wiedergutmachung für die Vorrundenniederlage, in der zweiten Halbzeit an der Wade verletzte, so war dieser Tag, dieses Spiel doch das Größte, was ich in meiner gesamten Karriere erlebt habe. Diese Stimmung, unser Team-Spirit, der Gewinn des WM-Titels. Mehr geht nicht.

Wir waren unglaublich stolz

Meine Erschöpfung war der Begeisterung gewichen. Was für mich persönlich mindestens genauso viel wert war wie der Titel. Diese Wertschätzung durch unsere Fans, unser Weg, der beinahe noch vor dem Viertelfinale zu Ende war, diese Euphorie in Handball-Deutschland. Wir waren unglaublich stolz. Wir waren Weltmeister.

Kurz darauf war ich ein Löwe. Denn zum Sommer 2007 wechselte ich zu den Rhein-Neckar Löwen. Wieder waren meine Erwartungen an den neuen Verein riesig, die wir als Mannschaft aber nicht immer erfüllten. Meine WM-Euphorie dagegen war schnell verflogen. Zwar hatte ich meine Erschöpfungsphase mit dem Gewinn des WM-Titels überwunden, an die ganz großen Erfolge konnte ich aber bis zum Ende meiner Karriere 2012 (mein Gastspiel bei der SG Flensburg-Handewitt als 46 Jahre alter „Torwart-Opa" in Vertretung für den verletzten Benjamin Burić 2021 mal außen vor) nicht mehr herankommen, was sicherlich ein Zusammenspiel vieler Faktoren war. Zudem war auch die Leichtigkeit früherer Tage nur noch punktuell abrufbar.

Und heute?

Wenn ich mir heute meine Karriere im Rückblick anschaue, war meine Erschöpfung keine Überraschung. Wir Spieler bekamen nur Kohlenhydrate. Pasta, Pasta, Pasta. Dazu Apfelschorle ohne Ende. Und nach dem Spiel in der Kabine ein Bierchen oder zwei. Was schön ist, ich genoss das gesellige Beisammensein nach den Einheiten. Aber sportwissenschaftlich war vieles aus heutiger Sicht eine Katastrophe. Ich hatte auch fast keinen einzigen freien Tag. Über Jahre. Mein Alltag war der immergleiche: Halle, Bus, Flieger, Hotel und wieder von vorne. Ich will nicht jammern. Schließlich lebte ich meinen Traum. Und ich bin unfassbar dankbar, dass ich dieses Privileg über Jahre genießen durfte. Aber es war einfach so. Es gab null Regeneration, weil das Bewusstsein weder auf Vereins- noch auf meiner eigenen Seite ausreichend vorhanden war. Keine Zeit für Erholung. Acht Spiele in zehn Tagen wie bei der EM waren normal. Und an den zwei spielfreien Tagen wurde trainiert. Mit Vollgas. Verrückt. Natürlich wurden wir gut dafür bezahlt, ja. Aber umgekehrt bezahlt man eben auch dafür. Der eine früher, der andere später.

Würde ich alles noch mal machen? Zu 100 Prozent: ja. Ich liebe den Handball. Aber würde ich alles noch mal *genau so* machen? Zu 100 Prozent: nein. Denn ich habe gelernt, meine eigene Gesundheit zu lieben. Dazu gehört auch und vor allem ausreichend Regeneration. Und ich hoffe, dass meine Geschichte von gestern den Spielern von heute und morgen dabei hilft, genau das früher zu erkennen, als ich es erkannt habe.

ANDY SCHMID

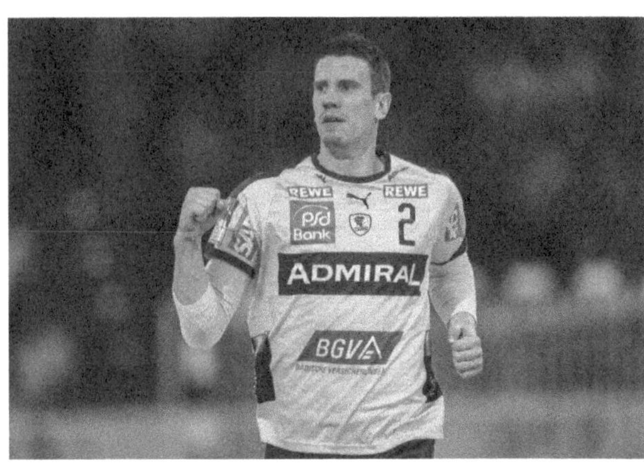

Name: *André Schmid*
Spitzname: *Andy*
Position: *Rückraum Mitte*
Geboren am: *30. August 1983*
Geboren in: *Horgen (Schweiz)*
Größter Erfolg: *Deutscher Meister, DHB-Pokalsieger und EHF-Europapokal-Sieger mit den Rhein-Neckar Löwen*
Handball ist für mich: *Ein Spiel. Ich „spiele" Handball, statt ihn zu „arbeiten" oder zu „kämpfen" – das macht für mich den Reiz aus. Deswegen habe ich Bock auf Handball!*

DER SCHLIMMSTE MOMENT MEINER KARRIERE

20 Spiele in Serie gewonnen – und doch alles verloren: Dass die Rhein-Neckar Löwen 2014 die Meisterschaft um zwei Tore verspielten, war der absolute Tiefpunkt. Und gleichzeitig der Grundstein für den Titelgewinn zwei Jahre später.

Es war nicht nur tabellarisch das absolute Spitzenspiel der Rückrunde. Es war auch spielerisch genau das, worauf sich die Handballfans gefreut hatten: Am 29. Spieltag der Rückrunde empfingen wir als Tabellenzweiter den THW Kiel. Den amtierenden Deutschen Meister. Den Rekordmeister. Die Mannschaft von Trainer Alfreð Gíslason, die uns in der Hinrunde mit drei Toren geschlagen hatte und der wir mit nur zwei Punkten Rückstand ganz dicht auf den Fersen waren. Zur Halbzeit führten wir mit zwei, spielten uns aber im zweiten Durchgang phasenweise in einen echten Rausch und lagen zwischenzeitlich – angetrieben von unseren Fans – mit acht Toren vorne. Mit acht! Gegen Kiel. Und wir gewannen das Spiel. 29:26 hieß es am Ende. Wir hatten den THW geschlagen; fünf Spieltage vor dem Ende der Saison 2013/14 waren die Rhein-Neckar Löwen Tabellenführer. Und obwohl wir damit unser 15. Spiel in Folge gewonnen und es jetzt selbst Hand hatten, beschlich uns ein seltsames Gefühl. Eine zunächst eher abstrakte, später sehr konkrete Ahnung, dass sich der vergebene Acht-Tore-Vorsprung noch einmal rächen würde.

„Vizekusen-Ruf"

Es war meine vierte Saison bei den Rhein-Neckar Löwen und bislang meine stärkste, wofür ich im Nachhinein als wertvollster Spieler der Saison geehrt wurde. Als Mannschaft hatten wir in den ersten Partien viel liegenlassen; nach der Pleite in Hamburg Mitte Dezember hatten wir schon neun Minuspunkte. Die Löwen waren noch nie Deutscher Meister geworden, wir waren kurz davor, uns einen „Vizekusen-Ruf" zu erarbeiten. „Die packen das nie!", hieß es immer wieder. Allen Unkenrufen zum Trotz waren wir diesmal aber doch auf dem Weg, die Meisterschale nach Kronau zu holen. Spätestens nach dem Heimsieg gegen Kiel. Wir hatten den stärksten Rivalen geschlagen, waren Tabellenführer und hatten zudem ein um 20 Tore besseres Torverhältnis. Was sollte da noch schiefgehen? Also: noch fünf Spiele. Nicht stolpern, dann wären wir Deutscher Meister.

Die erste der verbliebenen Hürden nahmen wir locker. Beim Bergischen HC brauchten wir allerdings eine klare Leistungssteigerung, um aus dem 14:14 zur Pause noch einen 34:26-Sieg zu machen. Acht-Tore-Sieg, noch vier Spiele bis zum Titel. Alles gut? Nicht ganz. Denn der THW hatte gleichzeitig zuhause einen Kantersieg gegen

Hannover-Burgdorf eingefahren: 37:20. Wir waren also nur noch 15 Tore vor. Das war der Moment, an dem uns allen bewusst wurde: Es ging nicht darum, *ob* wir die letzten Spiele gewannen. Es ging darum, *wie hoch* wir jedes einzelne Spiel gewannen.

Der THW dachten nicht anders. Unsere Gegner wussten, dass sie keine Chance hatten. Ich als Spielmacher hatte nur noch eins im Sinn: viele, schnelle Tore. Wie können wir noch mehr Tore werfen? Wo kann ich im Angriffsspiel noch eine halbe Sekunde Zeit einsparen? Bjarte Myrhol am Kreis und ich auf der Mitte, wir leiteten unsere Angriffe teilweise unmittelbar mit dem Anwurf ein. Das war ein irres Tempo, absoluter Wahnsinn. Einmal bekamen wir einen Siebenmeter zugesprochen. Der Ball rollte ins Seitenaus. Da der Schiedsrichter die Zeit nicht anhielt, sprintete ich hinterher, um mir den Ball selbst zu holen und ohne größere Verzögerung endlich den Siebenmeter werfen zu können. Es war skurril.

Ich wurde zum Mathematiker

Die gesamten fünf Wochen zwischen dem Heimspiel gegen Kiel und dem 34. Spieltag gegen Gummersbach kam ich nicht mehr zur Ruhe. Ich schlief kaum noch vernünftig, wurde teilweise nachts schweißgebadet wach. Alles drehte sich um das Saisonfinale. Ich beschäftigte mich nur noch mit Zahlen, Wahrscheinlichkeiten, Ergebnissen und Torverhältnissen. In dieser Zeit wurde ich zum

Mathematiker. Zigmal ging ich das Worst-Case-Szenario durch, das für mich so aussah: Kiel schlägt Flensburg mit acht, Lemgo mit zwölf, Lübbecke mit 13 und zum Schluss Berlin mit zehn. Wie hoch mussten wir dann gegen unsere vier Gegner gewinnen? Wie hoch konnten wir überhaupt gewinnen? Und wo war noch irgendwie ein Tor mehr rauszuholen?

Für den Moment unterbrach ich meine Mathestunde: Kiel spielte vor 8000 Zuschauern im ausverkauften Gerry Weber Stadion gegen den TBV Lemgo. Ich schaute mir das Spiel auf der Couch an. Keine Ahnung, ob ich davor oder danach jemals wieder so einen krassen Puls auf meiner Couch hatte. Mein Worst-Case war: zwölf Tore vor für den THW. Aber der THW hielt sich nicht daran. Die Kieler gewannen nicht mit zwölf – sie gewannen mit 22. Mit 22 Toren Vorsprung!

Am selben Tag mussten wir gegen Hamburg ran. Gegen die Hamburger, die uns in der Hinrunde richtig böse geschlagen hatten. Als ich vor dem Spiel in die Gesichter meiner Mitspieler schaute, sagte das alles. Der Kantersieg der Kieler war an keinem spurlos vorübergegangen. Das machte sich auch in unserem Spiel bemerkbar. Wir spielten verkrampft und waren gut bedient, als wir am Ende hauchdünn mit einem Tor gewannen. Glücklich. Stefan Schröder, der Rechtsaußen der Hamburger, traf sogar noch zum Ausgleich. Der Treffer wurde erst gegeben, dann aber doch wieder zurückgenommen. Die Schlusssirene rettete uns eine Millisekunde bevor der Wurf von Schrödi im Netz landete. Es half nichts: Drei Spieltage vor dem Ende waren wir wieder auf Platz zwei und hatten sieben Tore Rückstand auf Kiel.

Zebras plus 22, Löwen plus 23

Am 32. Spieltag drehten wir den Spieß wieder um. Zwar gewannen die Zebras – diesmal hielten sie sich an meine Prognose – mit acht gegen Flensburg, aber wir Löwen legten unsererseits noch mal einen drauf. 42:19 gegen Eisenach. 23 Tore Unterschied! Ein Wahnsinnsspiel. Ich selbst machte zwölf Buden und spielte wie ein Getriebener. Es zahlte sich aus – nach dem Spieltag waren wir wieder Erster, jetzt mit acht Toren Vorsprung. War das eigentlich noch die Handballbundesliga – oder war ich irgendwo falsch abgebogen und in einem Mathematik-Proseminar gelandet? Es war die absolute Grenzerfahrung. Ein mentaler Overload, wie ich ihn zuvor noch nicht erlebt hatte. Kaum über einen längeren Zeitraum aufrechtzuerhalten. Ich war so mit den Ergebnissen beschäftigt, dass ich sogar beim Spielen mit meinem damals zweijährigen Sohn Lio in Gedanken andauernd Torverhältnisse gegeneinander aufrechnete. Total surreal.

Der vorletzte Spieltag: Wir mussten vorlegen, zuhause gegen Melsungen. 41:28 – ein gutes Ergebnis. Aber nach dem Spiel merkte man, was diese Ausnahmesituation mit uns machte. Myrhol zum Beispiel war trotz des hohen Sieges unzufrieden, ja richtig pissig. „Was ist los?“, fragte ich ihn. Er haderte mit sich, weil er zwei Minuten vor dem Ende einen Ball verworfen hatte. So weit war es gekommen.

„Verschleppt das Spiel irgendwie!“

Kiel spielte vier Tage später. Vier quälend lange Tage später. In Nettelstedt. Es war ein Sonntag, ich weiß es noch, als wäre es gestern gewesen. In Nettelstedt hatte ich zwei Freunde: Drago Vuković und Frank Løke. Mit beiden sprach ich im Vorfeld: „Bitte, probiert irgendwie, unter zehn zu bleiben! Haltet das Tempo niedrig, verschleppt das Spiel irgendwie!“ Sie versprachen, es zu versuchen. Während des Spiels ging ich in Heidelberg spazieren. Zur Halbzeit schaute ich in den Ticker: nur vier vor für Kiel. Als ich nach Spielende wieder reinschaute, waren aus den vier Toren Vorsprung 14 geworden! Von Drago und Frank bekam ich abends noch eine SMS, sie entschuldigten sich, aber sie hatten nichts ausrichten können, der THW hatte sie einfach überrollt. Und unser Vorsprung war vor dem entscheidenden letzten Spieltag wieder auf sieben Tore zusammengeschmolzen.

Der 34. Spieltag: Endlich war es so weit. Nach 38 teils schlaflosen, auf jeden Fall aber unruhigen Nächten, nach unzähligen Rechenoperationen stand die Entscheidung bevor. Wir hätten es auch nicht einen Spieltag länger ausgehalten. Wir spielten in Gummersbach, der THW im Fernduell zuhause gegen die Füchse Berlin. Uns hatten 2000 Löwen-Fans nach Gummersbach begleitet. Vor dem Spiel ging ich durch die Halle, um irgendwie die Zeit bis zum Anpfiff zu überbrücken. Da sah ich die Meisterschale, die wir alle so sehr im Blick hatten und die wir so sehr zum ersten Mal mit den Löwen gewinnen wollten. Ich fragte einen der Offiziellen, ob es das Original sei – oder ob das Original in Kiel und bei uns eine Kopie stand. Es war das Original – auch die Offiziellen gingen also offenbar davon aus, dass wir unseren Sieben-Tore-Vorsprung würden halten können.

Mit dem Anpfiff spielten wir um alles. Wir hauten alles raus, was wir noch im Tank hatten. Gleichzeitig spürten wir den Druck, ganz klar. Und Gummersbach war eine richtige Festung. Deren Fans wussten natürlich auch, dass es hier um jedes Tor ging. Die Gummersbacher waren sicher nicht alle für Kiel, aber in so eine Entscheidung noch mal aktiv einzugreifen, ist ja auch ein Ansporn – und man will sich ja auch später nichts nachsagen lassen. Zur Pause führten wir mit 21:19. Knapp, aber wir waren noch auf Kurs.

Wie steht's in Kiel?

Und was machten die Kieler? Unser Coach Guðmundur Guðmundsson wollte uns in der Halbzeit den Zwischenstand aus Kiel partout nicht verraten. Wir sollten auf uns schauen, unser Spiel spielen und einfach alles reinwerfen. Ich wollte aber unbedingt wissen, wie es stand. Unser Teammanager Christopher Monz verriet es mir: Kiel lag auch vorne – und zwar mit neun. Mir als Interims-Mathematiker war sofort klar: Gleichstand. Alles auf null. 30 Minuten vor dem Ende dieser irren Saison waren wir punkt- und torgleich.

Das Ende vom Lied war aus unserer Sicht kein schönes. Ja, wir gewannen, wir schlugen den VfL Gummersbach mit 40:35. Gleichzeitig schlugen die Kieler die Füchse aber mit 37:23 – mit 14 Toren Unterschied. Strich drunter, Schlussrechnung: Sieben Tore Vorsprung plus fünf Tore durch unseren Sieg macht zwölf Tore vor. Minus die 14, mit denen Kiel gewann, gleich minus zwei. Wir hatten die Meisterschale mit zwei Toren doch noch aus der Hand gegeben. Dabei hatten wir mindestens vier Finger dran. Es reichte nicht. Geschlagen, wieder nur Zweiter, Vizekusen, das war's.

Ich fragte mich, wie man mit zwei der weltbesten Torhüter in der Mannschaft, mit Niklas Landin und Goran Stojanović, in einem Spiel 35 Gegentore bekommen konnte. Ich fragte mich auch, wie die Füchse Berlin in einer so wichtigen Partie auswärts bei den Kielern zu Kempa-Tricks ansetzen konnten. Aber alles Lamentieren half natürlich nichts. Wir hatten es selbst verbockt, und zwar fünf Wochen zuvor, als wir im direkten Duell gegen den THW den Acht-Tore-Vorsprung nicht hatten halten können.

Meistertrikots verschwinden im Gepäckfach

Nach 20 gewonnen Spielen in Serie waren wir trotzdem am absoluten Tiefpunkt. Als wir nach der Partie in den Bus stiegen, sah ich unten im Gepäckfach einen Karton mit Meistertrikots. Keine Ahnung, ob die direkt wieder entsorgt wurden, oder wo die heute sind. Ich sah die maximale Enttäuschung in allen Gesichtern. Ich sah Alexander Petersson, einen gestandenen Mann, heulend im Bus sitzen. Nach der Rückfahrt aus Gummersbach gingen wir noch zusammen essen. Es war ja alles vorbereitet, aber so richtig schmecken wollte es an diesem Abend keinem von uns. Teilweise versuchten wir, den Abend mit Galgenhumor zu retten. Es war aber auch surreal. Für mich war es einer der schlimmsten Momente meiner Karriere – wenn nicht der schlimmste.

Dass wir diese Meisterschaft noch aus der Hand gegeben hatten, wirkte noch eine ganze Weile nach. Hätten wir nicht jedes Spiel so angehen können wie die letzten fünf? Klares Nein – das war schon über diese vergleichsweise kurze Zeit absoluter Wahnsinn und wäre über einen längeren Zeitraum mental nicht zu leisten gewesen. Hätten wir noch mehr Tore im Endspurt werfen können? Ich glaube nicht. Unser Tempo war schon irre schnell. In meinem Ehrgeiz, Sekundenbruchteile rauszuholen, hatte ich beispielsweise unseren Kreisläufer vor mir statt hinter mir einlaufen lassen. Komplett irre.

Bitter und wichtig

Wir fuhren dann erstmal alle in den Urlaub. Runterkommen, abschalten, umschalten. Mich persönlich fing meine Familie auf. Auch der Umstand, dass wir zur neuen Saison mit Nikolaj Jakobson einen neuen Trainer bekamen, war gut. Das brachte frischen Wind. Wir gingen danach auch noch mal anders in die Spiele. Diese Niederlage hatte uns als Team weiter zusammengeschweißt. Wir entwickelten noch mehr Ehrgeiz und konnten daraus noch mehr Energie ziehen. Denn eins ist klar: Wenn man so hart auf den Boden der Tatsachen fällt, hat man danach einfach eine bestimmte Kraft, die einem hilft, es künftig in schwierigen Situationen noch besser zu machen. Mit etwas Abstand kann ich heute sogar sagen: Das war zwar der bitterste Moment meiner Karriere – aber auch der wichtigste.

Es war eine Befreiung

In der folgenden Saison, 2014/15, wurden wir wieder Zweiter. Wieder hinter Kiel. Nicht mit zwei Toren, sondern mit zwei Punkten Rückstand. Aber dann, 2015/16, wurden wir endlich Deutscher Meister! Zum ersten Mal in der Vereinsgeschichte der Löwen. Zum ersten Mal in meiner Karriere. Meiner Mutter Erika hatte ich gesagt: „Ich möchte einmal diesen Scheiß-Meistertitel gewinnen – dann gebe ich Ruhe, versprochen!“ Aber es war nicht nur ein Titel – es war eine Befreiung. Endlich hatten wir es allen gezeigt. Wir scheiterten nicht. Nicht noch einmal. Und *dieses* Gefühl, nicht zu scheitern, war noch stärker als das Gefühl, etwas gewonnen zu haben. Und weil es so schön war, haben wir den Gewinn der Deutschen Meisterschaft im Jahr darauf gleich noch einmal wiederholt. Wir konnten es also doch: Meister werden!

CHRISTOPH THEUERKAUF

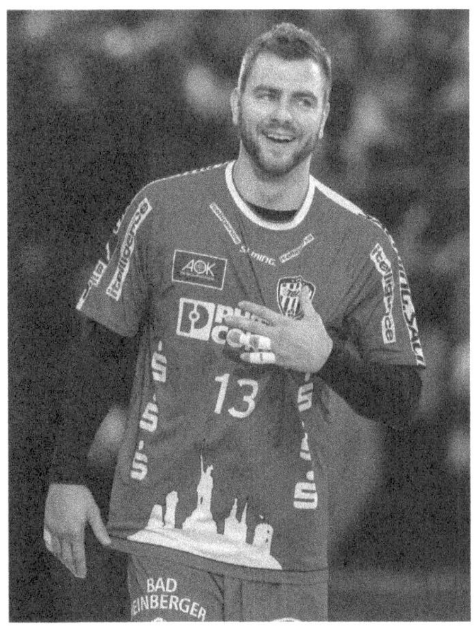

© Sascha Klahn

Name: *Christoph Theuerkauf*
Spitzname: *Theuer*
Position: *Kreisläufer*
Geboren am: *13. Oktober 1984*
Geboren in: *Magdeburg*
Größter Erfolg: *DHB-Pokalsieger mit dem TBV Lemgo Lippe*
Handball ist für mich: *Ehrlich, hart – aber fair. Handball bringt trotz des sportlichen Wettkampfs tolle Freundschaften hervor. Deswegen habe ich Bock auf Handball!*

STIMMT SO!

Auf Länderspielreise mit der deutschen Nationalmannschaft: Klamottenwechsel im Gebüsch, ein wichtiges Upgrade in die First class auf dem Weg nach Tel Aviv und eine Kiste Becks für schmale 98,40 Euro.

Es war früh am Morgen, als ich in Hamburg zur Mannschaft stieß, sehr früh. Natürlich wusste ich, dass der Handball von der Kreisklasse bis in die Nationalmannschaft verrückte Geschichten schreibt. Auf der Platte, aber vor allem abseits des Spielgeschehens. Ich selbst war schließlich auch kein Kind von Traurigkeit. Aber das Bild, das sich mir bei meiner Ankunft vor dem Hotel bot, war dann doch speziell: Ich sah einen Mannschaftskollegen, der gerade hektisch einen Müllsack mit Klamotten aus dem Gebüsch in der Nähe des Eingangs zog und sich dann in einer Mischung aus überdreht, aber doch irgendwie müde, abgehetzt und doch irgendwie zufrieden einmal komplett umkleidete. „Theuer!“, sagte er. „Wir sind gestern Abend nach dem Spiel noch mal losgezogen, ich hab’ da jemanden kennengelernt. Wir haben dann im Morgengrauen eine Alsterrundfahrt gemacht. Und jetzt brauche ich die neuen Klamotten, ich hatte bis gerade eben noch die von gestern an. Aber heute müssen wir ja die roten Shirts mit den weißen Jacken tragen.“ Okay. „Und wenn dich beim Reingehen jemand sieht?“ „Dann sage ich, ich war schon spazieren!“ Prüfender Blick. Kurzes Nicken meinerseits. Wird schon schiefgehen, dachte ich mir, bevor ich überhaupt richtig beim Team angekommen war.

Ticket gelöst, jetzt kommen die jungen Wilden

Fünf Jahre war es her, dass ich beim World Cup in Schweden mein Debüt bei der Nationalmannschaft gegeben hatte. Wir schlugen Ungarn mit 30:29. Kein gutes Spiel, auch keine gute Leistung von mir. Seitdem hatte ich tatsächlich fünf Jahre auf mein Pflichtspieldebüt gewartet, denn der World Cup als Zwischenturnier ohne Wertung für die großen Turniere zählt da nicht. Jetzt, 2009, war es so weit: Ich war von Bundestrainer Heiner Brand zur Länderspielreise im Rahmen der EM-Qualifikation eingeladen worden. Allerdings kam ich – wie einige andere Jungspunde auch – erst nach dem ersten von insgesamt drei Spielen dazu. So machte Heiner das damals. Beim wichtigen ersten Spiel, in dem die Mannschaft mit einem klaren 38:30 gegen Slowenien das Ticket für die Europameisterschaft 2010 in Österreich löste, setzte er auf die etablierten Stars. In den weiteren gab er dann uns jungen Wilden eine Chance. „Uns“, das waren zum Beispiel Uwe Gensheimer, Silvio Heinevetter, aber auch Patrick Groetzki und Stefan Kneer. Wir freuten uns, dass das erste Spiel in der Hamburger Barcleys Arena gleich gewonnen worden war und so auch wir in den beiden noch anstehenden

Spielen gegen Weißrussland in Stuttgart und gegen Israel in Rishon LeZion unsere Chance bekamen.

Für mich begann diese Länderspielreise also erst am Morgen nach dem Slowenienspiel. Dafür direkt mit der Story vor dem Eingang des Mannschaftshotels in Hamburg. Ob ich euch den Namen des Mitspielers verraten kann, der sich da frühmorgens – wie Bruce Wayne in seiner Bat-Höhle – im Schutz der Hecke vom übernächtigten Partygänger in einen seriösen Handballspieler verwandelte? Vielleicht am Ende der Geschichte, mal sehen. Ich begrüßte auf jeden Fall jetzt auch die anderen Jungs und Heiner mit seinem Trainerteam. Dann gabs Frühstück, ein paar Ansagen vom Staff und wenig später flogen wir nach Stuttgart.

Mannschaftsquartier im Nirgendwo

Der Flug war kurz und ohne Turbulenzen, was für mich, der nicht unbedingt „Hurra" schreit, wenn er in ein Flugzeug steigen muss, immer wieder mal ein Thema ist. Wir bezogen unser Quartier im NH-Hotel in Filderstadt, in der Nähe des Flughafens und eine halbe Stunde Busfahrt von unserer Spielstätte, der Porsche Arena im Nordosten Stuttgarts, entfernt. Die Unterkunft lag außerhalb, ringsum nichts als Felder und Wiesen, außer einem kleinen Getränkemarkt …

Die Stimmung im Team war gut. Die Quali war im Sack, die Nachrücker hatten richtig Bock, was zu zeigen, wir hatten eine gesunde Mischung aus erfahrenen, gestandenen Spielern und meiner Generation, die von hinten drückte. Uwe Gensheimer zum Beispiel, der zwar absolut kein Greenhorn mehr war, aber trotzdem erst 22, und als Topscorer in Stuttgart mal eben zehn Buden gegen Weißrussland machte. Dieses zweite Spiel gewannen wir deutlich. 38:27 vor 6200 Fans in der ausverkauften Halle. Ich hatte in Stuttgart noch keinen Einsatz, der sollte erst beim dritten Spiel in Israel folgen. Aber ich war dabei und kurz nach dem Spiel auch mittendrin.

Zurück im Hotel bekamen wir unser Abendessen. Ernährungstechnisch war damals im Vergleich zu heute auch beim DHB noch Luft nach oben. Es waren andere Zeiten, klar. Immerhin waren Ketchup und Mayo schon verboten. Auch Cola war tabu. Nach dem Essen in der Lobby noch ein Bierchen zu nehmen, war uns jedoch freigestellt. Wir jungen Spieler waren uns nicht ganz sicher: War das ein Test? Oder war das normal? Lieber mal die älteren Spieler fragen. Oli Roggisch beruhigte uns: „Macht ruhig, das ist wirklich vollkommen okay.“ Na, dann Prost!

Es traf die Jüngsten

Wenig später saß ich mit ein paar Jungs oben im Hotelzimmer. Der Tag war gut verlaufen. Das Spiel war gut gelaufen. Und das Bierchen war auch ganz gut gewesen – was also anfangen mit dem angebrochenen Abend? Hier war ja rund um das Hotel nichts. Außer … da war doch dieser kleine Getränkemarkt, den wir bei der Anfahrt bemerkt hatten. Aber wie kommen wir da hin, ohne von Heiner und Co. bemerkt zu werden? Und wie kommt das Bier, das wir dabei im Auge hatten, hier hoch, ohne bemerkt zu werden? Es traf – wie so oft beim Handball – die Jüngsten. Das waren „Rückraumkeuler" Stefan Kneer als Zweitjüngster und ein anderer. Wer der Jüngste war, weiß ich nicht mehr. Wirklich nicht. Uwe? Heine? Patrick Groetzki, den wir Johnny nannten? Auf jeden Fall räumten wir eine unserer großen Sporttaschen aus. So eine mit Rollen unten drunter. Die beiden schlichen sich durch den Hinterausgang aus dem Hotel, der Rest von uns – auch Martin Strobel war, glaube ich, mit dabei – wartete bester Laune auf „Flaschenpost".

Ich ging ans Fenster und machte mir eine Kippe an. Damals rauchte ich noch echte Zigaretten. Und während ich rauchend nach draußen schaute, traute ich meinen Augen nicht. „Scheiß die Wand an!", entfuhr es mir. „Was sind denn das für zwei Typen, die da durchs Feld laufen?! Das kann ja wohl nicht wahr sein!" Ein zweiter Check und ein prüfender Blick der anderen bestätigte dann: Das waren unsere Jungs. Unser Inkognito-Getränkedienst. Nur leider überhaupt nicht inkognito. Die beiden dachten, wenn sie sich durch das mannshohe Maisfeld in Richtung Getränkemarkt schlagen, würde keiner sie sehen. Das Gegenteil war der Fall. Jeder, der am Fenster stand, konnte sie sehen. Jeder, der an irgendeinem Fenster dieses Hotels stand, konnte sie sehen. Gott sei Dank stand aber zu dem Zeitpunkt offenbar niemand außer uns am Fenster. Die

Schneise, die die beiden in das Feld schlugen, war vermutlich noch von den Flugpassagieren der gerade im Landeanflug auf den Stuttgarter Flughafen befindlichen Maschine deutlich zu erkennen. Wenn das der Heiner sieht, dachten wir.

5:00 Uhr morgens: Scheiße, ist das Heiner?

Aber die zwei hatten Glück. Wir hatten Glück. Nach 20 Minuten waren sie wieder da, eine Sporttasche voller Bier inklusive. Wir hatten einen guten Abend. Wir redeten über Handball, über Gott und die Welt. Wir tranken, lachten, alberten herum, führten aber auch tiefergehende Gespräche. Wie man das eben so macht mit der Mannschaft und ein paar Bier. Wir vergaßen die Zeit. Bis es um 5:00 Uhr morgens an unserer Zimmertür klopfte. „Scheiße!" „Heiner?" „Wer ist das?" Für einen Moment fühlten wir uns wie Zehntklässler, die auf Klassenfahrt nachts in der Jugendherberge bei dem Versuch erwischt werden, noch mal kurz zu den Mädels rüberzugehen. Doch wir hatten wieder Glück. Es war Stefan Schröder. Der Hamburger Außenspieler, der bei seinem Heimspiel in Hamburg im ersten Spiel elf Buden gemacht hatte und an diesem Morgen schon wieder zurück in die Heimat flog. „Moin, Jungs. Ich hab' alles mitbekommen nebenan, logisch. Also, gebt mir mal schnell ein Starterbier – mein Flieger geht gleich!" Kollektives Aufatmen, kollektives Lachen. Schrödi bekam sein Bier. Schrödi trank sein Bier. Schrödi exte sein Bier. „Danke, Männer. Viel Spaß in Israel. Ciao."

Was war das für ein geiler Move? Was für ein starker Typ! Was ist das für eine fantastische Truppe! Wir waren begeistert. Und schlitterten doch direkt in die nächste brenzlige Situation. Nicht nur Schrödis Bier war nämlich leer. Auch unser Vorrat war offenbar verdunstet. Nun hatten wir – anders als vermutlich die allermeisten Amateurspieler, wenn sie auf Tour sind – bei der Nationalmannschaft keinen „Bierwart". Da war guter Rat teuer. Tempo hochhalten und handeln! Wir beschlossen, bei der Rezeption anzurufen und vorsichtig zu fragen, ob die uns vielleicht mit Bier versorgen könnten. Konnten sie. Gut sogar. Unsere Kalkulation „Vier Mann, vier pro Person, 16 Flaschen, bitte!" erfuhr ein Upgrade auf „Wir könnten auch einen Kasten hochbringen.". Gerne. Läuft, dachten wir.

Der teuerste Kasten Bier meines Lebens

Kurz darauf klopfte es wieder an der Tür. Diesmal war es der Zimmerservice, der uns eine Kiste Beck's brachte. „Heine, gehst du? Kannst du auch erstmal zahlen?" Heine nahm einen 100-Euro-Schein und ging zur Tür. Als wir ihn „Stimmt so!" sagen hörten, waren wir für einen Moment schlagartig nüchtern. „Stimmt so"?! Es stimmte. Ein Kasten Bier für 98,40 Euro. Das Hotel hatte jede einzelne Kanne mit dem Restaurantpreis von 4,10 Euro berechnet. Im Nachhinein, muss man sagen, tat der Preis dem Abend und der Geschichte gut. Diesen Moment, in dem Heine dem Hoteljungen „Stimmt so!“ antwortete, werde ich nie vergessen. Der Rest der Geschichte stimmt übrigens auch so. Und auch den werde ich nie vergessen.

Am nächsten Morgen – für unsere Runde hieß das: am *selben* Morgen, wir hatten ja bis zum Frühstück durchgezaubert – flogen wir weiter. Über Frankfurt nach Tel Aviv. Außer dem abgereisten Schrödi alle an Bord. Auch ich, gemeinsam mit meinem Kater, der meine leichte Flugangst auf ein neues Level hob. Ich hatte in der Tat einen Kater deluxe. Das würde der schlimmste Flug meines Lebens werden, dachte ich. Vier Stunden und fünf Minuten möglichst wenig Schweißausbrüche bekommen und möglichst viel Wasser trinken. Das war meine Taktik.

First Class neben Heine

Schon der erste kurze Flug nach Frankfurt inklusive Sicherheitskontrolle war schlimm. Und es wurde erstmal nicht besser. Wir stiegen um in unseren Flieger nach Israel. Ich saß zwar am Gang, aber neben mir schnaufte ein schwer übergewichtiger, stark schwitzender Mann. War das meine Strafe für den Vorabend? Doch dann wendete sich das Blatt. Wir bekamen überraschend ein Upgrade in die erste Klasse. Und schon hockte ich nicht mehr neben dem dicken, schwitzenden Passagier – sondern *lag* neben Silvio Heinevetter. Überragend. Wir schauten einen Film. Welchen, weiß ich nicht mehr. War mir damals aber auch egal, Hauptsache: Liegesitze.

Am ersten Abend in Israel bekamen wir von Heiner die Erlaubnis auszugehen. Allerdings war in Rishon Le-Zion nicht der Samstag der klassische Party-Tag, sondern der Sonntag. Und zumindest ein paar von uns waren ja auch angeschlagen. Trotzdem hatten wir einen sehr netten Abend und landeten später noch in einem Club mit direktem Blick auf das Mittelmeer. Großartig.

Pflichtspieldebüt im Maccabi House

Unser abschließendes Länderspiel am nächsten Tag war, wie gesagt, mein Pflichtspieldebüt. Vor 900 Zuschauern schlugen wir im ausverkauften Maccabi House die Israelis deutlich mit 40:21. Ich warf drei Tore, verballerte aber auch zwei Siebenmeter. Das war die Geburtsstunde eines kleinen Running Gags zwischen Heiner Brand und mir: Wenn Heiner zuschaut, so die steile These, könne ich keinen Siebenmeter werfen. Ich warf tatsächlich fortan keine Siebenmeter mehr für die Nationalmannschaft. Noch Jahre später hatte Heiner immer viel Freude daran, dieses Thema weiterzuspinnen. So zeigte er sich zum Beispiel als Sky-Experte am Rande eines Vereinsspiels von mir übermäßig überrascht, als ich einen Siebenmeter verwandelte. Der Reporter hatte Spaß, Heiner sowieso – und ich natürlich auch, als ich nach dem Spiel zur Runde am Mikro dazustieß. Dass ich die zwei Siebenmeter in Tel Aviv verwarf – und danach auch keine mehr werfen sollte –, war mir nicht so wichtig. Wichtig war mir, dass ich dabei sein durfte, und dass ich mein erstes Pflichtspiel gemacht hatte, dem noch viele weitere folgen sollten.

Und der Name?

Ja, so war das damals, auf unserer Länderspielreise im Juni 2009. Jener Länderspielreise, die für mich am frühen Morgen vor dem Hotel in Hamburg so spektakulär begonnen hatte. Eigentlich wollte ich euch ja den Namen des Nachtschwärmers noch verraten. Aber ich habe schon viel zu viel aus dem Nähkästchen geplaudert, und deswegen halte ich es mit dem unter uns Handballern allseits bekannten Spruch: Was auf Mannschaftsfahrt passiert, bleibt auf Mannschaftsfahrt. Das gilt für die ersten Abenteuer in der A-Jugend wie auch im frühen Seniorenbereich. Bei Amateurfahrten nach Malle sowieso. Und das gilt manchmal sogar bis hinauf in die deutsche Handballnationalmannschaft.

JOHANNES GOLLA

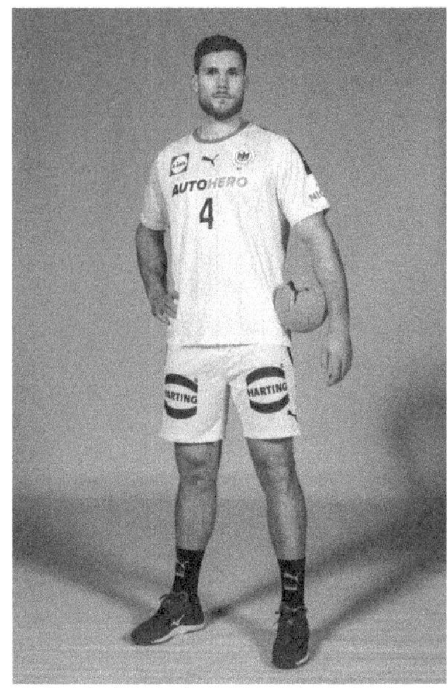

© Sascha Klahn

Name: *Johannes Golla*
Spitzname: *Golli*
Position: *Kreis*
Geboren am: *5. November 1997*
Geboren in: *Rüdesheim*
Größter Erfolg: *Deutscher Meister 2019 mit der SG Flensburg-Handewitt*
Handball ist für mich: *Eine der schönsten Sportarten. Der Handball bietet ein familiäres Umfeld und ist so vielseitig, dass jeder auf seine Art und Weise seine Stärken einbringen kann. Deswegen habe ich Bock auf Handball!*

KAPITÄN STATT POLIZIST

Ich hatte keine Chance – und genau die habe ich genutzt: Wie ich vom aussortierten Rückraumspieler bei der Hessenauswahl doch noch zum Kreisläufer erst bei der MT Melsungen, dann in Flensburg und schließlich bei der Nationalmannschaft wurde.

Es war mein erstes B-Jugend-Jahr. Ich spielte bei der SG Wallau, damals noch im linken Rückraum. Nach einigen guten Leistungen wurde ich in die Hessenauswahl eingeladen und durfte an Lehrgängen teilnehmen. Ich hatte große Hoffnungen und erlebte dann eine herbe Enttäuschung: Ich wurde aussortiert. Ich war nicht mehr dabei, raus. Dabei war bis dahin alles ganz gut gelaufen. Zum Glück war es nicht das Ende meiner Karriere.

Aufgewachsen bin ich in der Handballprovinz. In Erbach, einem Ortsteil von Eltville, der ältesten Stadt im Weinbaugebiet Rheingau, direkt am Rhein. Traumhaft gelegen, gute Weine, schöne Landschaft – aber Handball? Eher die Ausnahme. In Eltville dominierte der Fußball. Und so machte auch ich meine ersten Versuche mit dem Ball am Fuß statt in der Hand. Dennoch landete ich bereits mit fünf Jahren bei der JSG Eltville, meinem allerersten Handballverein.

Handball in die Wiege gelegt

Schnell entwickelte ich meine Liebe zu diesem Sport. Was nicht verwunderlich war, schließlich wurde mir der Handball quasi in die Wiege gelegt. Mein Vater Peter spielte selbst und schaffte es seinerzeit mit Eintracht Wiesbaden bis in die 2. Liga. Ich hatte viel Freude schon bei den Minis und in der D-Jugend und fand jede Menge Freunde, erst bei der JSG, wenig später dann auch beim etwas größeren TuS Dotzheim. Meine Eltern unterstützten mein Hobby und förderten mich, so gut es ging. Ich war talentiert und trainierte schon als Kind und Jugendlicher immer ein bisschen mehr als die meisten anderen.

In der C-Jugend ging ich nach Wallau. Dort trainierte ich drei- bis viermal pro Woche. Meine Eltern fuhren mich gerne die 25 Kilometer hin und zurück. Ich verpasste so gut wie kein Training, spielte Bezirksauswahl und wurde immer besser, bis es schließlich in der B-Jugend zur Einladung in die Hessenauswahl kam. Und direkt zur Aussortierung aus der Hessenauswahl. Wenn ich ehrlich bin, beschäftigte mich das schon sehr. War ich nicht gut genug? Woran lag es? Wie sollte ich damit umgehen? Ich tat vermutlich genau das Richtige: Ich hakte den Frust ab und gab einfach im Verein noch mehr Gas.

Mit Erfolg. Ich wurde weiter besser, wechselte in der A-Jugend zur HSG VfR/Eintracht Wiesbaden, wo wir im ersten Jahr die Qualifikation für die A-Jugend-Bundesliga schafften. Es lief also auch ohne Hessenauswahl.

Weichenstellung auf Profihandball

Dann kam der Februar 2015. Ich war 17 Jahre alt, als sich für mich – rückblickend betrachtet – die Weichen auf Profihandball stellten. Über einen guten Freund meines Vaters hatten wir Kontakt zu Michael Roth, dem damaligen Trainer der MT Melsungen. Wir sprachen ihn an und tatsächlich durfte ich zum Probetraining kommen. Ich hatte zwar auch immer mal an den Wechsel in ein Leistungszentrum oder auf ein Sportinternat gedacht, mich aber doch nie dafür entschieden. Dafür hatte ich nun die Chance, bei einem Probetraining in Melsungen zu überzeugen. Offenbar gelang mir das, denn ich durfte kurz darauf für weitere Probetrainings kommen, zwei Übernachtungen inklusive. Wieder gab ich alles, wollte unbedingt zeigen, was ich draufhatte. Und wieder überzeugte ich die Verantwortlichen: Ich bekam das Angebot, nach Melsungen zu gehen.

Roth und das gesamte Trainerteam, aber auch die Spieler aus der A-Jugend und aus dem Seniorenbereich empfingen mich sehr offen und warmherzig. Ich hatte ein gutes Gefühl. Auch meine Eltern unterstützten meinen Wechsel zur MT. Und, nicht unwichtig eineinhalb Jahre vor dem Abitur: Ich fand eine Schule, die meinen Wechsel mitmachte und gleichzeitig die nötige Flexibilität bot, um parallel zum Abitur eine Profilaufbahn einschlagen zu können. Die MT hatte mir eine gute Perspektive aufgezeigt: Ich sollte zunächst in der A-Jugend spielen und helfen, den Jugendbereich besser zu machen. Gleichzeitig sollte ich schon bei den Profis mittrainieren.

Das erste Probetraining war bestimmt ein Stück weit auch ein Gefallen, ich hatte Beziehungen und das nötige Quäntchen Glück. Aber daraus entstand auch aus Melsunger Sicht schnell die Erkenntnis, dass ich wohl Potenzial hatte.

Vom Rückraumspieler zum Kreisläufer

Unter Roth wurde ich direkt zum Kreisläufer. „Johannes, wenn du richtig durchstarten willst, dann funktioniert das nur am Kreis", sagte er mir direkt zu Beginn. Mein Vorteil gegenüber Gleichaltrigen war sicher, dass ich sowohl im Angriff als auch in der Abwehr performte. Das ist übrigens etwas, was ich heute jungen Spielern unbedingt empfehlen kann: auch die Abwehr vernünftig zu trainieren. Das macht es so viel leichter, nach oben zu kommen.

Jetzt war ich also in Melsungen. Mit einem Vertrag, mit viel Motivation und noch mehr Vorfreude im Gepäck – nur leider ohne Wohnung. Vorübergehend kam ich bei Jan Forstbauer unter. Jan spielte damals schon zwei Jahre in Melsungen und ist heute beim TVB Stuttgart am Ball. Jans Wohnung war im Tal, meine neue Schule und die Trainingshalle waren oben auf dem Berg. Ich musste also zweimal am Tag – ich hatte ja noch keinen Führerschein – zu Fuß hoch zur Geschwister-Scholl-Schule und zur Halle. Zu jeder Jahreszeit, auch im Winter, auch bei Schnee. So kam ich oft schon klatschnass geschwitzt zum

Training an. Es war wirklich eine anstrengende, aber auch aufregende Zeit, die ich nicht missen möchte.

Etwas später suchte ich mir eine WG. Ich machte mein Abitur und durfte parallel mein Profileben führen. Immer öfter kam ich zu Einsätzen in der Herrenmannschaft und fuhr entsprechend auf Auswärtsspiele mit. So kam es vor, dass wir beispielsweise in Flensburg überraschend gewannen und alle auf der Rückfahrt im Bus den Sieg feierten. Alle außer mir – ich saß ganz vorne und musste mich auf meine Abiturprüfungen vorbereiten. Das war schon hart. Aber das war es auch wert.

Juniorenauswahl für die EM statt Abiball

Ursprünglich wollte ich ja Polizist werden. Mit dem Wechsel zur MT war klar, dass ich einen anderen Weg gehen würde, den des Profihandballers. Und ich war bereit, dafür auf vieles zu verzichten. Zum Beispiel seit ich 17 Jahre alt war kein Weihnachten mehr mit der Familie zu feiern. Zeitlich musste ich sehr viel unterordnen, leider auch die Abipartys. Während meine Mitschüler feierten, war ich beim Training oder bereitete mich auf ein Spiel vor. Sogar meinen Abiball verpasste ich, weil Junioren-Nationaltrainer Markus Baur mich in die Auswahl für die Europameisterschaft 2016 berief. Es war nach der Chance, die Michael Roth mir gab, die nächste überraschende Möglichkeit, die sich mir bot. Und eine weitere, die ich nutzte.

Zum Traum vom professionellen Handballspieler gehört eben auch zu verzichten. Doch trotz aller Verzichte war es einfach eine unglaublich schöne Zeit. Und ist es immer noch.

Relativ schnell bekam ich in Melsungen einen richtigen Profivertrag. Nach dem Abitur konnte ich dann noch mehr Vollgas geben. Ich schob Zusatzschichten im Gym, um meinen Körper konkurrenzfähig zu machen. Jede freie Minute trainierte ich, unterstützt von vielen tollen Menschen um mich herum. Der Melsunger Publikumsliebling Johannes Sellin zum Beispiel nahm mich oft in seinem Auto mit zur Halle, die Müller-Brüder Philipp und Michael unterstützten mich sehr und auch unser damaliger Kapitän Nenad Vučković gab mir unglaublich viele Tipps an die Hand.

Mit Gefühl nach Flensburg

Sportlich wurde ich immer besser, fühlte mich auch in meiner dritten Melsunger Saison noch sehr wohl. Gleichzeitig waren wir aber drei Top-Kreisläufer. Und da wir uns nicht für den internationalen Wettbewerb qualifizierten, hatte ich Sorge, nicht genug Spielanteile zu bekommen. Meine Konsequenz: keine Vertragsverlängerung. Dafür kam die nächste, unerwartete Chance. Ich erhielt ein Angebot aus Flensburg. Viele rieten mir von einem Wechsel zur SG ab. „Das ist doch viel zu früh so ein Schritt, du wirst kaum Spielanteile bekommen.“ Auch ich hatte diese

Überlegungen, ja. Aber ich hatte vor allem auch den Gedanken: Wer weiß, ob ich noch mal so eine Chance bekomme. Ich muss das machen. Zudem ermunterten mich Trainer Maik Machulla und Manager Dierk Schmäschke. „Du wirst bei uns viel lernen. Und wir spielen Champions League. Du wirst auf deine Zeiten kommen, geh den Schritt!" Ich hörte auf mein Gefühl – und auf sie.

In Flensburg angekommen, passte einfach alles. Ich zog mit meiner Frau zusammen, die vorher in Erfurt studierte. Wir konnten nun also endlich wieder eine normale Beziehung statt einer Fernbeziehung führen und kurz darauf auch eine eigene Familie gründen. Sportlich ging es weiter, klar, schließlich war das Niveau in Flensburg noch mal ein anderes. Ich trainierte nun mit Holger Glandorf zusammen. Mit *dem* Holger Glandorf, dem ich 2007 als zehnjähriger Junge noch vor dem Fernseher beim WM-Gewinn zugejubelt hatte. Und ich machte unter den vielen Stars eine tolle Erfahrung: Das waren alles ganz normale Menschen.

Tief beeindruckt von Bambam und Co.

Meine Mitspieler lebten mir vor, wie man als Topspieler auf maximalem Niveau trainierte und an sich arbeitete. Ich tat es ihnen gleich. Vom ersten Tag an. Und wurde wieder überrascht. Gleich in meiner ersten Saison in Flensburg rief mich Christian Prokop an, der damalige Bundestrainer, und lud mich zu meinen ersten

Länderspielen ein. Eine neue Chance und eine neue Qualität von Konkurrenzkampf. Schließich waren wir teilweise vier Kreisläufer im Kader: Patrick Wiencek, Hendrik Pekeler, Jannik Kohlbacher und ich. Wahnsinn. Ich saugte alles auf, in jedem Training, gab immer Vollgas. Und lernte besonders von Bambam – Patrick Wiencek – jede Menge. Ich war beeindruckt, wie er als gestandener Star beim THW Kiel und in der Nationalmannschaft einfach in jedem Training in jeder Minute alles gab.

Ich nahm so viel mit von meinen ersten Einsätzen in der Nationalmannschaft und auch im Verein kam ich zu immer mehr Spielanteilen. Meine erste Saison? Gut. Sehr gut sogar. Deutscher Meister 2019.

Kapitän Johannes – bitte was?

Ich entwickelte mich zu einem Arbeitstier und Führungsspieler. Beides wollte ich sein, beides nahm ich gerne an. 2022 wurde ich im Verein zum Kapitän gewählt. In der Nationalmannschaft sogar schon ein Jahr früher. Damit hatte ich niemals gerechnet.

Es war ein Montag im November, als ich mit meinen Teamkollegen in einem abgedunkelten Konferenzraum in unserem Mannschaftshotel in Düsseldorf saß und den Worten unseres Bundestrainers Alfreð Gíslason folgte. Alfreð sprach über die Olympischen Spiele, über die anstehenden Partien gegen Portugal, erzählte, was er von uns erwartete, und wer der neue Kapitän sein sollte.

„Ich habe entschieden, dass Johannes unser Kapitän sein wird." Was? Hatte er wirklich meinen Namen gesagt? Ich konnte es kaum fassen. Was für eine Ehre. Was für eine Herausforderung!

Ich suchte im Nachgang das Gespräch mit Alfreð, was er von mir erwarten würde und ob er mich unterstützen könne. Tat er. Ich sehe mich in dieser Rolle, die ich seit dem ersten Tag mit viel Stolz und maximalem Einsatz für die Mannschaft ausübe, nicht als Anführer, überhaupt nicht. Ich versuche eher, ein bester Freund zu sein. Oder zumindest ein guter Freund. Die Jungs sollen wissen, dass sie immer zu mir kommen können.

Chancen nutzen und alles geben

Wenn ich heute in meiner Heimat im Rheingau unterwegs bin, denke ich ab und an zurück an die Anfänge meiner ganz bestimmt nicht linear verlaufenen Handballkarriere. Ich denke an meine ersten Würfe bei den Minis der JSG Eltville, an meine Zeit beim TuS Dotzheim und bei der SG Wallau, an die ersten Erfolge. Aber auch daran, dass ich in der Hessenauswahl aussortiert wurde und damals nie für möglich gehalten hätte, eines Tages Kapitän der SG Flensburg-Handewitt oder gar der deutschen Handball-Nationalmannschaft zu werden. Aber ich bin es geworden. Und dafür bin ich unglaublich dankbar.

Und aus dieser – aus meiner eigenen – Geschichte möchte ich den Jugendspielern von heute und von morgen einen Tipp mit auf den Weg geben: Im Handball gibt es keine vorgezeichneten Wege. Auch, wenn man noch nicht 1,90 Meter groß ist. Auch, wenn man noch nicht am höchsten springen kann. Auch, wenn man noch nicht den härtesten Wurf hat: Man kann es schaffen! Ziele setzen, alles reinwerfen! Dann wird man auch belohnt. Dann werden die Chancen kommen – vielleicht sogar unerwartet. Dann muss man bereit sein. Wie am Kreis – da muss man auch immer bereit sein. Und genau dann, wenn die Chance da ist: alles reingeben!

DOMINIK KLEIN

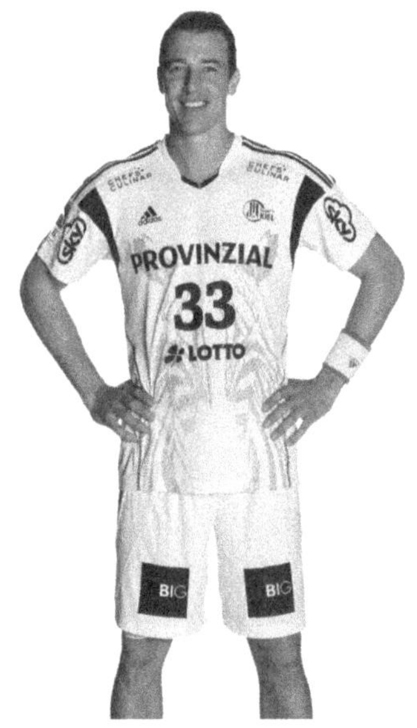

© Sascha Klahn

Name: *Dominik Klein*
Spitzname: *Mini*
Position: *Linksaußen*
Geboren am: *16. Dezember 1983*
Geboren in: *Miltenberg*
Größter Erfolg: *Weltmeister 2007*
Handball ist für mich: *Emotion und Leidenschaft, gegenseitiger Respekt, gemeinsame Werte und Mannschaftsgefühl. Deswegen habe ich Bock auf Handball!*

„ALFRED, WECHSLE MICH EIN!“

Alfreð Gíslason zu bitten, einen einzuwechseln, geht eigentlich nicht. Ich tat es trotzdem. Und diese verwegene Aktion gehörte genauso zu meinem Comeback wie zwei wichtige WhatsApp-Gruppen, Neuroathletiktraining und ein schlimmer Wurf neben das Tor.

Der 29. März 2015 war ein Sonntag. In den Nachrichten ging es vor allem um Sturmtief Mike, das in weiten Teilen Deutschlands schwere Schäden verursacht hatte. Und auch in der WhatsApp-Gruppe der Familie Klein ging es stürmisch zu. „Geht mal vom Schlimmsten aus!“, hatte meine Frau Isabell in den Chat geschrieben. Sie sollte recht behalten.

Dabei war meine Saison beim THW Kiel bis dahin sehr gut gelaufen. Zwar waren mit Christian Zeitz und Guðjón Valur Sigurðsson zwei Leistungsträger gegangen, dafür hatten wir mit Domagoj Duvnjak, Joan Cañellas und Steffen Weinhold auch einige Hochkaräter als Verstärkung dazubekommen. In der Liga waren wir auf Meisterschaftskurs, in der Champions League standen wir nach zwei Siegen gegen die SG Flensburg-Handewitt im Viertelfinale – alles auf Kurs.

Die Stimmung im Kader war super, die Mischung aus alten verdienten Spielern und jungen Wilden passte einfach. Das konnte man schon an den Wartaufgaben erkennen. Ganz normale Wartaufgaben, wie es sie in jeder gut sortierten Handballmannschaft von der Bundesliga bis in die Kreisklasse gibt. Bei uns besorgte Andreas Palicka als Frühstückswart die Sachen zum Belegen, der Brötchenwart brachte die Backwaren, denn immer wenn Abfahrt vor 9 Uhr war, gab es Frühstück im Bus. Und der Jüngste durfte dann die Wünsche der Mannschaftskameraden austeilen. Kurzum: Es stimmte einfach innerhalb unserer Mannschaft. Auch bei mir persönlich lief es rund. Ich hatte mit Rune Dahmke einen sehr jungen Spieler mit mir auf der Linksaußen-Position und wir gaben ein tolles Team ab. Ich hatte viele Spielanteile und konnte konstant gute Leistungen abrufen, war rundum zufrieden. Bis zu jenem 29. März, bis zu unserem Auswärtsspiel in Nürnberg beim HC Erlangen.

Ich wusste, dass etwas nicht stimmte

Die Partie begann eigentlich ganz gut. Ich war in der Startsieben und kam gut rein. Irgendwann Mitte der ersten Halbzeit kassierte ich in der Abwehr einen Pferdekuss. Ok, passiert, dachte ich. Weiter geht's. Fünf Minuten später wickelte mir unser Physiotherapeut Maik Bolt in einer Auszeit einen Verband. Ich spielte weiter. Und ich traf weiter: vier von vier.

Kurz vor der Halbzeit passierte es dann. Ich lief einen erneuten Tempo-Gegenstoß, drehte mich im Laufen um, sprang ab, fing den Ball und verwandelte sicher gegen Jan Stochl im Tor der Erlangener. Schon im Sprung merkte ich, dass sich mein Knie anders anfühlte, als ich das bisher kannte. Ich wusste nicht, was genau passiert war – aber ich wusste, dass etwas nicht stimmte, und blieb auf dem Boden liegen.

Unser Trainer Alfreð Gíslason kam nicht oft von der Bank aufs Spielfeld. Genau genommen kam er nur auf die Platte, wenn sich jemand richtig schwer verletzt hatte. Jetzt sah ich, wie er sich auf mich zu bewegte, ebenso unser Physio. In der Halle war es mucksmäuschenstill. Mein Bruder Marcel fiel mir ein, der in der zweiten Liga bei TuSpo Obernburg spielte und in der Jugend mein Vorbild war. Marcel sagte immer: „Die Kleins haben Gummibänder!" Und wirklich: Ich konnte auftreten und ging – wenn auch gestützt – zur Bank. Wird schon nicht so schlimm sein.

„Geht mal vom Schlimmsten aus!"

Die letzten Minuten der ersten Halbzeit schaute ich mir von der Bank aus an, dann humpelte ich in die Kabine. Der Mannschaftsarzt des Gegners machte sofort den unter Handballern bekannten und gefürchteten Schubladentest, mit dem man einen möglichen Kreuzbandriss zumindest vermuten, manchmal auch direkt feststellen kann. Hundert Prozent sicher war man sich nicht, das Spiel aber – so viel war sicher – war für mich gelaufen. Während die anderen wieder in die Halle gingen, blieb ich kurz in der Kabine und sammelte mich einen Moment. Dann rief ich meine Frau an. Isabell war selbst Handballerin, hatte sogar einmal einen Kreuzbandriss. Ich erklärte ihr genau, was ich spürte. „Vom Gefühl her würde ich sagen, dass zwei Bänder überlappen." Das war meine Eigendiagnose. Ihre Antwort sollte mich etwas beruhigen. „Wird schon wieder." Sagte sie mir am Telefon. Und bei WhatsApp schrieb sie meinen Eltern: „Geht mal vom Schlimmsten aus!" Das las ich aber erst einige Zeit später.

Ich schaute noch den Rest des Spiels, wir gewannen ohne größere Probleme. Mit einem frischen Verband ums Knie ging es dann per Bahn zurück nach Kiel. Sturmtief Mike hatte weiter gewütet und einige Oberleitungen waren durch umgefallene Bäume beschädigt, es kam zu Verzögerungen. Ich hätte es als Vorzeichen deuten können, denn es kamen stürmische Zeiten auf mich zu.

Diesen Eindruck bestätigte am nächsten Tag unser Mannschaftsarzt, Dr. Frank Pries. Jeden Montag war für den THW ein MRT-Slot im Mare Klinikum reserviert. Handballer eben – da gibt es öfter mal Bedarf. Diesmal hatte es mich erwischt. Ich kam in die Röhre und wenige Minuten später stand der Orthopäde vor mir: „Morgen früh, 7 Uhr!" Was, was, was? Wie, morgen früh, 7 Uhr? „Das vordere Kreuzband ist gerissen, wir operieren morgen früh."

Es war ein Schock. Meine erste ernsthafte Verletzung. Gott sei Dank hatte ich meine Frau als Unterstützung dabei. Denn Unterstützung brauchte ich, vor allem in den Stunden nach der Horrordiagnose. Von zuhause aus machte ich die Vorbesprechungen für die OP, sprach auch mit allen Verantwortlichen beim Verein und versuchte gleichzeitig, irgendwie mein Gedankenkarussell in den Griff zu bekommen. Mit mäßigem Erfolg. Am Abend bekam ich Schweißausbrüche, Herzrasen, das volle Programm. Ich hatte einfach Angst vor der OP und rief noch mal unseren Mannschaftsarzt an. „Ich schaffe das nicht." „Doch!", sagte er. „Das wird schon. Versuch mal, ein bisschen zu schlafen – und dann sehen wir uns morgen früh." Irgendwann schlief ich dann tatsächlich ein.

#comebackstronger

Die OP selbst war gar nicht so schlimm und von dem Moment an, in dem ich im Krankenhausbett aus der Narkose erwachte, blickte ich nach vorne. Ich war optimistisch und motiviert, wieder zurückzukommen. Heute würde man dem Ganzen ein Hashtag verpassen. Ich verbuchte es quasi unter #comebackstronger.

Im Anschluss begann die Reha. Das volle Programm: Ärzte, Physio, Mobilisierungen. Und ich erstellte eine WhatsApp-Gruppe, in der alle beteiligten Personen vertreten waren. Ärzte, Physios, mein Athletiktrainer – ich wollte einfach, dass alle immer auf dem aktuellen Stand waren, dass sich nichts verzögerte, dass es so reibungslos wie möglich lief. Damit ich schnell wieder laufen konnte.

Generell versuchte ich zu optimieren, was in meiner Hand lag. Ich drehte jede Stellschraube, die einen Einfluss auf die Genesung haben könnte. Ich passte meine Ernährung leicht an, ich informierte mich über Kreuzbandrisse und Genesungsprozesse – und ich bat Lars Lienhard um Mithilfe. Lars ist einer der führenden Experten auf dem Gebiet des Neuroathletiktrainings. Ich war durch Per Mertesacker auf ihn gekommen. Meine Frau Isabell und Pers Frau Ulrike, die auch Handballprofi war, kannten sich aus der Zeit bei der Juniorinnen-Nationalmannschaft.

Einmal die Software neu aufspielen

Die Neuroathletiktrainings mit Lars waren ein großer Baustein meiner Genesung, davon bin ich voll und ganz überzeugt. Vereinfacht gesagt, basiert Neuroathletiktraining darauf, neben Kraft, Ausdauer, Beweglichkeit und Koordination auch – und zwar zeitgleich – gezielt das Gehirn und das zentrale Nervensystem anzusprechen und zu trainieren, beides Grundelemente der Bewegungssteuerung. Die Einheiten in der Trainingshalle waren intensiv und dauerten meist drei bis vier Stunden. Lars versetzte sich dabei so sehr in mich hinein, dass er nach den Sessions nicht selten ähnlich fertig war wie ich. Im Prinzip programmierten wir einmal meine Software neu. Zusätzlich zu den anderen, ebenfalls sehr wichtigen Reha-Bausteinen. Und alle arbeiteten Hand in Hand. Ich war sehr dankbar, dass die Ärzte und Physios offen für die Arbeit von Lars waren, was in der damaligen Zeit noch nicht selbstverständlich war.

Ich nahm mir die Coachings auf meinem Handy auf, um sie zuhause zu wiederholen. Ich war topmotiviert und arbeitete Tag für Tag an meinem Comeback. Die ärztliche Nachsorge verlief gut, die Physios waren zufrieden und ich machte mehr und mehr Fortschritte. Auch wenn das manchmal nur hieß, das erste Mal wieder über eine fünf Zentimeter hohe Hürde zu springen. Fünf Zentimeter. Das ist gar nichts. Aber auch das muss man dann akzeptieren. Ich lernte sogar zu akzeptieren, dass selbst diese fünf Zentimeter zu Beginn manchmal zu viel waren. Akzeptanz war einfach der Schlüssel.

Der THW hatte derweil Torsten „Toto" Jansen aus Hamburg verpflichtet, um meinen langen Ausfall zu kompensieren. Das war gut und für mich eine perfekte Lösung, da ich mich mit Toto aus der Nationalmannschaft sehr gut verstand und wir schon vor seinem Wechsel zu uns gut befreundet waren. Während Rune und Toto also von Linksaußen die Buden machten, arbeitete ich an meinem Comeback und rückte Tag für Tag, Woche für Woche wieder näher an die Mannschaft heran. Nach ein paar Monaten konnte ich mit leichtem Aufbau- und Individualtraining in der Halle mit dabei sein, wenn auch nur am Rand. Dann trainierte ich wieder mit dem Ball, was ein unglaublich gutes Gefühl nach so langer Zeit war. Und nach etwa sieben Monaten stieg ich allmählich wieder ins Mannschaftstraining ein. Im Herbst fuhr ich das erste Mal wieder mit der Mannschaft auf ein Auswärtsspiel, nach Göppingen. Ich machte mich mit den Jungs warm, stand aber noch nicht im Kader.

Comeback nach 252 Tagen Pause

Dann endlich war es so weit. 6. Dezember 2015, Nikolaustag. Acht Monate – oder genauer: 252 Tage – nach meinem Kreuzbandriss im Spiel gegen Erlangen stand ich wieder im Kader des THW Kiel. Champions League: Heimspiel gegen Veszprém.

Endlich, nach acht quälend langen Monaten, war ich wieder dabei und stand auf dem Spielbericht. Ob ich ein paar Spielminuten bekommen würde, wusste ich nicht. Aber so heiß ich war, so sehr verstand ich natürlich auch, dass Alfreð vorsichtig mit mir war. Also saß ich zunächst auf der Bank. Ich war voll dabei, fieberte mit, wie ich es in meiner gesamten Karriere machte. Egal, ob ich spielte oder auf der Bank saß. Das hatte den Vorteil, dass ich bei meiner Einwechselung direkt voll da war.

Das Spiel war eng, die Führung wechselte ständig. Wir schafften es einfach nicht, uns von den starken Ungarn abzusetzen. Und dann passierte es: In der 52. Spielminute tat ich etwas, was eigentlich nicht geht im deutschen Profihandball. Etwas, von dem ich selbst heute noch überrascht bin. Was hatte mich da nur geritten? Ich stand von der Bank auf und ging zu Alfreð. Und ich sprach ihn einfach mitten im Spiel an: „Alfreð, wechsle mich ein!“ Als erste Reaktion bekam ich einen völlig entgeisterten Blick.

Natürlich. Man spricht Alfreð Gíslason als Spieler nicht einfach so an und fordert ihn auf, einen einzuwechseln. Das geht einfach nicht, wird auch jeder, der mal unter ihm gespielt hat, sofort bestätigen. Alfreð ist schließlich so etwas wie die letzte Trainer-Instanz, unantastbar, und vor allem unansprechbar während des Spiels. Gleichzeitig war Alfreð aber auch immer schon ein nachdenkender, ein mitdenkender Trainer, ein äußerst cleverer Fuchs. Ich schob noch nach, dass er mal überlegen solle, was dann passieren würde. „Wenn du mich nach acht Monaten das erste Mal wieder einwechselst, wird die Halle beben. Vielleicht bringt das heute nochmal die Wende!"

Alfreð überlegte zwei Angriffe lang, dann spürte ich seine Hand auf meiner Schulter. „Mini, mach dich fertig!" Durch die Halle ging ein Raunen, schließlich sahen die Zuschauer ja, dass ich mich bereitmachte.

Der Publikumsliebling war wieder da

In der 53. Minute war es so weit. Ich wurde unter dem frenetischen Beifall der über 10.000 Fans eingewechselt. Mini, der Publikumsliebling, war wieder da. Die Leute schrien, sie klatschten, sie standen von den Rängen auf. Und ich war natürlich maximal motiviert, Alfreð sein Vertrauen direkt mit Toren zurückzuzahlen. Ich fasste mir ein Herz und nahm mir in meinem ersten Angriff nach acht Monaten Pause den ersten Wurf – fast von der Eckfahne, kaum Winkel. Ich sprang weit in den Kreis, schaute, was Veszpréms Keeper

Roland Mikler machte, und warf – neben das Tor. Ich nahm mir den ersten Wurf und warf direkt neben das Tor. Als ich zurück in die Deckung vorbei an unserer Bank – und auch vorbei an Alfreð Gíslason – lief, registrierte ich natürlich, wie er mich ansah. Dieses Gesicht … Nach dem Spiel sagte er mir, er war kurz davor, mich nach meinem krassen Fehlwurf direkt wieder auszuwechseln.

Aber er wechselte mich nicht aus, ich bekam eine zweite Chance. Unmittelbar in meinem zweiten Angriff nahm ich mir wieder den Wurf. Wieder fast von der Eckfahne. Wieder sprang ich weit in den Kreis hinein – und traf. Ich traf zum zwischenzeitlichen Ausgleich und die Halle bebte. Bis kurz vor dem Schlusspfiff blieb es eng.

15 Sekunden vor dem Ende legte Alfreð die Grüne Karte auf den Tisch des Kampfgerichts, er nahm seine letzte Auszeit. Unsere Mannschaft war so alle, wir hatten so viel investiert und gekämpft, die Spieler drehten im roten Bereich. Egal, ein letzter Angriff noch. Wir sollten „DDR links" spielen. Ein Spielzug, den wir schon tausend Mal gespielt hatten, meist mit Erfolg. Als der Ball zu mir kam, spielte ich wie immer auf Halb und machte mich auf den Weg zum Kreis. Aber aus irgendeinem Gefühl heraus brach ich ab und ließ mich wieder zurückfallen in meine Ecke. Ich stand völlig blank an der Eckfahne. Der Ball kam jetzt von rechts. Steffen Weinhold holte unseren Linkshänder Marko Vujin, der hochstieg, mich aus dem Augenwinkel sah und die komplette linke Seite mit einem langen Pass zu mir überspielte. Ich war immer noch völlig blank, fing den Ball, machte drei Schritte und sprang wieder lang rein in den Kreis. Ich

legte alles in diesen einen Wurf und haute das Ding kurzhoch rein. 25:24, nur noch ein paar Sekunden. Umdrehen, zurücklaufen, letzte Halbchance für Veszprém – dann ertönte die Schlusssirene, das laute Horn in der Ostseehalle. Aus, Ende, wir hatten mit einem Tor gewonnen – und ich hatte in meinem Comeback-Spiel nach acht Monaten Verletzungspause den Siegtreffer gemacht.

Die Ostseehalle bebte

Die 10.000 Zuschauer rasteten komplett aus, unter ihnen auch meine Physios, Ärzte, ein paar von meinen Freunden und ein Teil meiner Familie, denen ich für mein Comeback als Dankeschön für die großartige Unterstützung während meiner Reha-Phase Plätze in einer unserer Logen organisiert hatte. Sie waren komplett aus dem Häuschen. Ich jubelte, weinte vor Freude, wusste im ersten Moment überhaupt nicht, wohin mit meinen Emotionen. Meine Mitspieler kamen auf mich zugestürmt. Übrigens auch Toft Hansen, Joan Cañellas und die ganzen anderen Kreis- und Rückraum-Brecher. Nicht direkt die nächste Verletzung, dachte ich nur. Nein, dachte ich natürlich nicht. Es war einfach eine riesige Party auf dem Feld. Und auf den Rängen. Die Fans sangen in Dauerschleife „Oh, wie ist das schön“. Und ich war sprachlos. Selbst Alfred schien sprachlos. Ob wegen des Last-Minute-Sieges oder wegen meiner frechen „Beinahe-Selbst-Einwechselung“ wird nur er wissen.

Noch mehr WhatsApps

Nach dem Spiel ging ich zusammen mit Gisbert, einem langjährigen Kumpel von mir, zu Fuß in die Kneipe, in der wir mit unseren Fans in die Verlängerung gingen. Auf dem Weg fragte ich Gisbert, warum denn ausgerechnet mir so etwas Krasses passiert war. Kreuzbandriss, acht Monate Pause, Reha und dann dieses irre Comeback. Seine Antwort bedeutete mir sehr viel und gab mir noch mal ein gutes Gefühl obendrauf. „Weißt Du, Mini: Wenn man viel gibt im Leben, dann bekommt man auch viel wieder zurück!“

Meine Eltern hatten es an dem Tag übrigens nicht in die Halle geschafft. Dafür lief unsere Familien-WhatsApp-Gruppe nach dem Abpfiff heiß. Diesmal gab es keine Horrormeldung. Diesmal bekamen sie wundervolle Jubelbilder zu sehen. Und den Rest der Geschichte, den Rest von meiner Geschichte, erzählte ich ihnen ganz in Ruhe. Nach dem Abend, nach der Feier dieses denkwürdigen Sieges. Nach der Feier meines denkwürdigen Comebacks.

DINAH ECKERLE

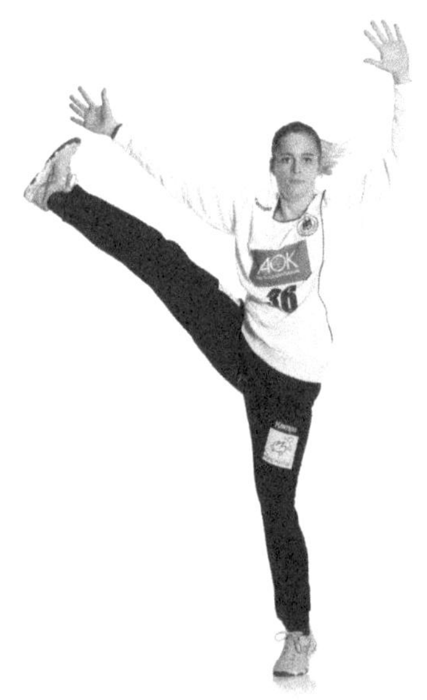

© Sascha Klahn

Name: *Dinah Eckerle*
Spitzname: *-*
Position: *Tor*
Geboren am: *16. Oktober 1995*
Geboren in: *Leonberg*
Größter Erfolg: *Deutsche Meisterschaft mit dem Thüringer HC*
Handball ist für mich: *Emotionen und Achterbahnfahrten. Deswegen habe ich Bock auf Handball!*

EINMAL SCHWANGER UND ZURÜCK

Unglaublich schön, aber irre anstrengend – und trotzdem uneingeschränkt zu empfehlen: Der leider noch nicht ganz normale Wahnsinn, als Profisportlerin Mutter zu werden.

Sommer 2022. „Dinaaaaah!" Als ich mich umdrehte, bekam ich das nächste Glas Wein in die Hand gedrückt. Ich weiß gar nicht mehr, wer mich in dem Moment in den Arm nahm und zum neuerlichen Anstoßen verpflichtete. Der Zeitpunkt, erstmal zu fragen, ob man noch etwas trinken möchte, war jedenfalls lange überschritten und die Party in vollem Gange. Feiernde, ausgelassen tanzende Menschen, kühle Drinks, heiße Musik. Eine ganz normale Handballer-Hochzeit. Und normalerweise hätte ich vermutlich ohnehin mit „Ich versteh die Frage nicht!" und einem großen Schluck geantwortet. Doch für mich war die Situation nicht normal. Gar nichts war mehr normal. Und deswegen gab ich das Glas – und viele weitere Gläser davor und danach – direkt an Flo weiter. Rückblickend tut er mir schon ein bisschen leid. Er trank so viel für mich mit, bis ich auf die Idee kam, einfach immer einen mit Sprite gefüllten Moscow-Mule-Becher mit mir herumzutragen. Andererseits war er aber ja auch nicht ganz unbeteiligt daran, dass ich an jenem 10. Juni keinen Alkohol trinken durfte. Zum Schwangerwerden gehören schließlich immer zwei.

Es war der Sommer der Handballer-Hochzeiten. Die von meiner Nationalmannschaftskollegin Antje Döll war eine davon. Da war meine eigene gerade einmal rund zwei Wochen her, gefühlt aber war bereits eine Ewigkeit vergangen, seit ich meinem Mann Florian das Jawort gegeben hatte. Unsere Hochzeit war einer der schönsten Tage in meinem Leben. Vielleicht der schönste. Aber ich hatte einfach keine Zeit, unseren großen Tag nachzubereiten. Da war zu viel Betrieb in meinem Kopf. Zu viele Fragen, zu viele Sorgen, zu viel Panik. Zu viel … ja … heute würde ich vermutlich von „ganz normalen Gedanken einer ganz normalen Mutter“ sprechen. Aber das half mir damals natürlich gar nichts.

Irgendetwas stimmte nicht

23. Juni. Mein Mann und ich waren im Urlaub. In Möglingen, zu Besuch bei meinem Vater und dessen Frau. Meine erste Saison mit dem Team Esbjerg war gerade zu Ende gegangen. Vizemeister in der Kvindeligaen, der dänischen ersten Liga. Nicht schlecht. Und jetzt war Sommerpause – auch nicht schlecht. Möglingen ist ein 11.000-Einwohner-Ort, 30 Autominuten von Stuttgart entfernt. Beschaulich, gemütlich, vertraut. Hier habe ich einige Jahre meiner Jugend verbracht. Beim GSV Hemmingen im zarten Alter

von acht Jahren meine ersten Bälle gehalten. Schön war es damals. Und schön war es auch jetzt wieder. Sommerpause, die kirchliche Hochzeit vor der Tür, Familie, viel Zeit mit meinem Mann Flo und unserem Hund Milka. Bis ich an jenem Sommermorgen erwachte.

Es war ein Donnerstag. Selbst für Baden-Württemberg war es ungewöhnlich warm. Draußen trieb die Sonne das Thermometer bereits ordentlich in die Höhe, als ich noch in meinem Bett lag. Einmal kurz snoozen. Dann recken, strecken – und rein in den Tag. Doch irgendetwas fühlte sich anders an. Irgendetwas stimmte nicht. Egal, wir hatten Urlaub. Über den Tag verdrängte ich das komische Gefühl, das mich beim Aufwachen überrascht hatte. Und abends – wir waren auf der Geburtstagsparty meines Stiefvaters – war es vergessen. Zumindest für den Abend und die folgende Nacht.

24. Juni. Freitag. Wieder strahlender Sonnenschein in Möglingen. Und wieder wurde ich mit diesem komischen Gefühl wach. Vielleicht der Wein vom Vorabend? Vielleicht ein Infekt? Vielleicht … schwanger? Oh, mein Gott! Diesmal kein Snoozer. Diesmal stand ich direkt auf und ging ins Bad. Ich setzte mich aufs Klo, noch etwas müde und gleichzeitig schon hellwach. Während ich auf den Schwangerschaftstest pinkelte, schaute ich die alten Wandfliesen an. Siebziger Jahre. Schick. Also für damalige Verhältnisse. Meine Gedanken schweiften ab. Wann habe ich hier wohl das erste Mal gesessen? Bestimmt 20 Jahre her. 20 Jahre. Da war ich noch ein Kind. Doch bevor ich mich weiter in die Vergangenheit vertiefen konnte, riss

mich die Zukunft aus den Gedanken. Ein kurzer Piepton, dann die Gewissheit: dritte Schwangerschaftswoche.

Freude, Glück, Panik

Ich starrte auf den Test, dann in den Spiegel, dann an die Wand mit den alten Fliesen. Meine Gedanken rasten. Geil, ich bin schwanger! Ich fing an zu weinen. Vor Freude. Vor Glück. Dann vor Panik. Scheiße, ich bin schwanger!, dachte ich. Ich bin Handballprofi. Ich bin Nationaltorhüterin. Ich bin ... schwanger! Ich, die doch gefühlt erst gestern hier als kleines Mädchen in diesem Bad stand. Die in zwei Wochen wieder in Esbjerg in die Vorbereitung einsteigen wollte. Ich, die ... werdende Mutter. Ich weinte einfach weiter drauf los. Jetzt wieder vor Freude, vor Glück. Ich ließ es einfach zu – die vielen Fragezeichen sollten schon früh genug wiederkommen. Ich weiß nicht mehr, wie lange ich in dem Bad blieb. Zehn Minuten? 15? Eine halbe Stunde? Keine Ahnung. Ich genoss diesen besonderen Moment ganz für mich.

Als ich die Badezimmertür öffnete, lief ich geradewegs in die Arme meines Vaters. Aber ich sagte kein Wort, lief weiter und rief meinen Mann an. „Flo, du musst sofort kommen!“ Ich hatte keine Ahnung, wo er zu diesem Zeitpunkt war. War mir aber auch egal. Kurz drauf stand er mit dem Auto vor der Tür. Er schaute mich mit weit aufgerissenen Augen fragend an. Ich konnte mein Grinsen nicht verbergen. „Los, komm. Wir können direkt zur

Apotheke weiterfahren!“ Er checkte sofort, was los war. Und freute sich riesig. Die Fahrt zur Rathaus-Apotheke in Möglingen war emotional. Wir waren beide überglücklich. Gleichzeitig hatten wir tausend Fragen im Kopf. Die wichtigste beantwortete der zweite Test aus der Apotheke. Spätestens jetzt gab es keine Zweifel mehr: Ich war schwanger.

Das Thema Familienplanung war bei mir lange Zeit überhaupt kein Thema. Ich war schließlich Handballerin. Und jung. Und alles andere als an einer Schwangerschaft und einem Kind interessiert. Das änderte sich erst 2021. Ich war 25 Jahre alt, Flo und ich heirateten standesamtlich. Zur gleichen Zeit war mein Bruder Daniel Vater geworden. Und als ich dann ab und zu meinen Neffen Levin auf dem Arm hatte – das hat was mit mir gemacht. Zudem waren die sportlichen, sprich: die beruflichen Weichen jetzt so gestellt, dass ich mich sicher fühlte. Esbjerg. Dänemark. Das dortige Gesundheitssystem ist ausgezeichnet. Finanziell waren wir auch gut abgesichert, zumal Flo einen neuen Job als Produktmanager hatte und mit mir nach Dänemark ging. Wir ließen es also fortan einfach drauf ankommen.

Wenn die Cappuccino-Tasse wackelt

Ein Jahr später kam es drauf an. Ich war schwanger. Und ich hatte tausend Fragen im Kopf. Ich bin Profihandballerin. Handball ist mein Beruf. Wie soll ich so lange ausfallen? Wie verkraftet mein Körper die Schwangerschaft? Wie verkrafte ich mental die Schwangerschaft? Werde ich danach wieder zurückkommen können? Und vor allem: Wie sage ich es meinem Trainer?

Tatsächlich war die letzte Frage, wie ich es meinem Trainer Jesper Jensen sagen sollte, eine derjenigen, die mich am meisten belasteten. Schließlich setzte der Verein auf mich, ich hatte als Duo im Tor mit Rikke Poulsen eine gute erste Saison gespielt, wir hatten den dänischen Pokal geholt, die Erwartungen an mich und meine zweite Saison in Esbjerg waren hoch. Ich schob das Thema eine Weile vor mir her. Ein bisschen Zeit verschaffte mir die Entscheidung, den ersten Ultraschalltermin abzuwarten, bevor ich es dem Verein mitteilte. Rund acht Wochen später war es dann so weit. Ultraschall: hinter mich gebracht. Gespräch mit Trainer: noch vor mir. Was soll's? Augen zu und durch, dachte ich mir. Ich rief ihn an – wir waren mittlerweile wieder in Dänemark und die Vorbereitung lief an – und wir verabredeten uns für den nächsten Tag.

Unzählige Male war ich während meiner zwei Jahre in Esbjerg im Espresso House in der Kongensgade, Esbjergs Fußgängerzone. Aber kein einziges Mal fühlte ich mich so angespannt. Wieso auch? Dänemark, Jütland, Esbjerg, die Dänen allgemein – das ist für Deutsche Entspannung pur. Ein ganz anderes Mindset, eine ganz andere Atmosphäre. *Hygge* halt, gemütlich und herzlich. Der dänische Way of Life. Nur hatte ich an jenem Tag im Espresso House so gar nichts von *hygge* an mir. Ich war maximal angespannt, als mein Coach durch die Tür kam. Ich nippte nervös an meinem Cappuccino. Wir begrüßten uns, kurzer Smalltalk, dann brachte ich es hinter mich. „Jesper, ich bin schwanger." Zu meiner Erleichterung reagierte er total verständnisvoll. Er freute sich. Und er freute sich ehrlich, das konnte ich spüren. Und das bedeutete mir sehr viel. Dann sagte er noch: „Dinah, ich wusste es beim Reinkommen, dass du schwanger bist. Du hast so unfassbar gezittert mit deiner Kaffeetasse!"

Das Zittern verflog schnell. Die meisten meiner vielen Fragen verschwanden ebenfalls mit der Zeit. Der Verein nahm mich unmittelbar aus dem Kader. Als Ersatz verpflichteten sie die junge Dänin Amalie Milling aus Kopenhagen. Sie machte einen guten Job. Richtig gut für ihr Alter. Das nahm mir viel Druck. Und ich selbst? Ich war jeden Tag in der Halle und beim Team. Ich trainierte einfach weiter. Nicht so wie sonst – ich machte mein eigenes Programm. Die ersten paar Wochen noch im Tor, mit angezogener Handbremse. Dann bestanden meine Trainings nur noch aus Intervallen und dem Kraftraum. Meine Teamkollegin Sanna Solberg-Isaksen war „mitschwanger". Sie war sechs Wochen weiter. Es tat gut, mit ihr über die Themen zu sprechen, die mich bewegten. Themen, die vermutlich alle werdenden Mütter bewegen. Plus die Themen, die werdende Mütter bewegen, die zufällig auch noch Handballprofi sind: Wie viel können, sollten, dürfen wir trainieren? Wie geht es nach der Geburt weiter? Komme ich wieder zurück? Und wenn ja: Wie gut komme ich wieder zurück?

Auszeit und Abschied

Eine dieser Fragen stellte sich natürlich auch der Verein. Wenn auch vielleicht etwas rationaler. Kann Dinah uns nach der Geburt noch einmal weiterhelfen? Und wenn ja, wann ist sie wieder einsatzbereit? Diese Fragen kann ich verstehen. Ich wusste selbst keine Antwort. Dazu kam noch, dass ich mich im Januar 2022, also gerade einmal ein halbes Jahr vor der Schwangerschaft, in einem richtigen Tief befunden hatte. Ich war mir plötzlich nicht mehr sicher, ob Handball auf Dauer das Richtige für mich war. Ob ich weitermachen wollte. Ob das alles war. Der Verein wusste davon. Ich nahm mir mitten in der Saison eine zweiwöchige Auszeit und fuhr mit meinem Mann nach Rügen. Nachdenken, den Kopf wieder frei bekommen. Wieder zurück in Esbjerg, arbeitete ich mit einer Mentaltrainerin und fasste schnell wieder Fuß. Aber ja, auch diese Episode wird in den Gedankenspielen der Clubverantwortlichen eine Rolle gespielt haben. Und so verpflichtete Esbjerg im September 2022 eine neue Torhüterin für die darauffolgende Saison. Und damit war beiden Seiten klar: Ich würde gehen. Und wir waren auch alle fein damit. Es war in Ordnung.

Der Herbst kam. Es wurde Oktober, November, Dezember. Ich trainierte weiter mit. Ging immer an mein Limit – die Hürde wurde natürlich mit jeder Schwangerschaftswoche niedriger. Und obwohl ich nicht mehr so richtig Vollgas geben konnte, bekam ich langsam wieder Bock auf Handball. Ich war im fünften Monat, als ich bei einem Spiel merkte, wie ich eigentlich jetzt nicht als Zuschauerin am Rand stehen wollte.

Ich wollte wieder spielen. Ich hatte wieder Lust. Und ich wusste: Ich möchte und ich werde wieder zurückkommen.

„Es soll vorbei sein!"

Eine Schwangerschaft ist wie eine Achterbahnfahrt. In mir reifte die Vorfreude auf mein Comeback. Während in mir mein Kind reifte. Auch die Vorfreude darauf wurde immer größer. Doch es gab eben auch viele andere Momente. Zum Beispiel im siebten Monat. Ich schaffte beim Training die Kniebeugen nur noch mit 40 Kilogramm auf der Stange. Meine Kraft war weg. Alle Kraft saugte mein immer größer werdendes Baby förmlich in sich auf. So kam ich frustriert vom Training nach Hause und schrie meinen Mann an: „Ich kann nix mehr. Ich bin einfach nur noch fett. Es soll vorbei sein!" Flo beruhigte mich, er kümmerte sich um mich. Sehr liebevoll, sehr verständnisvoll. Und meine Frustration, meine kurz anflutende Wut und Unzufriedenheit wichen schon einen Tag später dem Gefühl puren Glücks. Ich spürte die ersten, zarten Tritte in meinem Bauch. Ein Gefühl, stärker als jedes andere. Und es war, als wollte meine Tochter mir sagen: „Mama, halte durch. Ich komme ja bald. Dann ist es geschafft."

Unsere Tochter kam am 7. März 2023 auf die Welt. Ida. Alles lief perfekt. So perfekt eine Geburt eben laufen kann. Auf jeden Fall gab es keinerlei Probleme und die Kleine war putzmunter. Flo und ich waren überglücklich. Und ich war erleichtert. Geistig und auch körperlich. Zwei Wochen ging mit mir nicht viel. Außer „Mamasein" natürlich. Danach ging ich das erste Mal wieder in den Kraftraum. In Skandinavien gibt es gefühlt schon fast so eine Challenge, wer wie schnell nach seiner Schwangerschaft wieder auf dem Feld steht. Manche spielen nach vier Wochen schon wieder – irre. Davon habe ich mich nicht anstecken lassen. Im Gegenteil: Jetzt hatte ich endlich wieder dieses typisch dänische *hygge*-Gefühl in mir. Ich ruhte innerlich und brannte gleichzeitig auf meine Rückkehr.

Ein Handballtor so groß wie ein Fußballtor

Mitte April, es war ein Dienstagmorgen, machte ich das erste Mal wieder beim Hallentraining mit. Ich fuhr mit Ida in die Halle, habe ihr Musik angemacht und sie im Seitenaus geparkt. Und dann: los! Ab ins Tor, endlich. Das Tor war riesig. Wie ein Fußballtor. Ich war einfach froh, wenn mich jemand angeworfen hat, so wenig Bälle erreichte ich. Und dennoch war ich mega happy. Ich stand wieder im Tor. *Und* ich war Mama.

Wenig später hatten wir ein Champions-League-Spiel mit Esbjerg. Am Tag danach rief mich Herbert Müller an. Mein alter Trainer, der mich schon während meiner ersten Profijahre beim Thüringer HC trainierte und in Kürze wieder trainieren sollte und der jetzt maßgeblich daran beteiligt war, dass mich der THC zur neuen Saison erneut verpflichtet hatte. Wohlwissend, was er an mir hatte, unwissend, was er wieder an mir haben würde. Und nur aus dieser Mischung aus Vorfreude und Ungewissheit ist vermutlich auch sein damaliger Anruf zu erklären. „Dinah!", rief er beinahe euphorisch ins Telefon. „Ich habe dich gestern im Fernsehen gesehen, wie du durch die Halle gejoggt bist. Du bist ja ganz schlank!" So schwierig ich diese Aussage auf der einen Seite empfand, so sehr freute ich mich auch. Ich weiß ja, dass er es gut meinte. Und eben nicht übergriffig. Dazu kennen wir uns zu gut und zu lange. Also beließ ich es bei einem verlegenen Lachen.

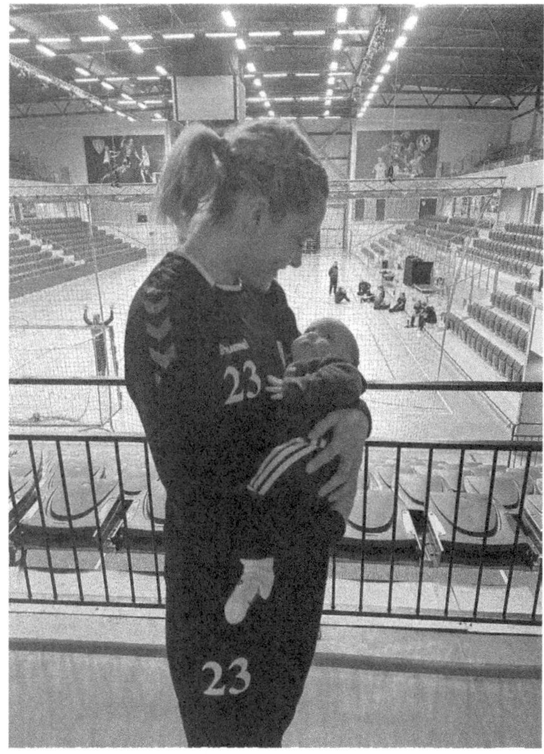

Dinah Eckerle mit Tochter Ida in der *Blue Water Dokken* in Esbjerg.

Neues Kapitel und alte Bekannte

Nach der Saison beendeten wir als kleine Familie das Kapitel Dänemark und zogen nach Erfurt. Flo nahm sich erstmal Elternzeit und ich begann mein neues Kapitel beim Thüringer HC. Dort, wo ich schon von 2009 bis 2018 im Tor stand und sechs Deutsche Meisterschaften feierte. Im Kreise meiner Handballfamilie, die jetzt mit Ida ein neues, kleines Mitglied bekommen hatte. Ida liebte es vom ersten Tag an, durch die Salza-Halle zu krabbeln. Sie saugt die Atmosphäre der Thüringer Handballfans quasi schon mit der Muttermilch auf.

Apropos Milch: Für mich gab es irgendwann auch mal wieder ein Bierchen in der Kabine und auf den Handballer-Hochzeiten. Zu meiner großen Freude. Und zur Freude meines Mannes.

FINN-OLE MARTINS

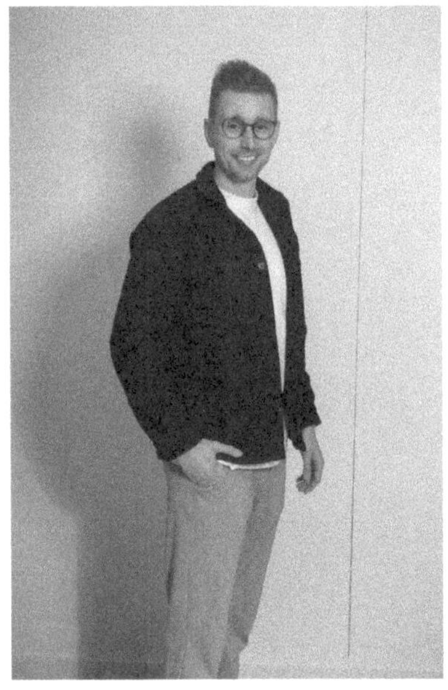

© Sascha Klahn

Name: *Finn-Ole Martins*
Spitzname: *FOM*
Position: *Kommentator bei Dyn*
Geboren am: *13. Dezember 1994*
Geboren in*: Preetz*
Größter Erfolg: *Beruflich das machen zu dürfen, was mir Spaß macht – und dass sich deswegen Arbeit nicht wie Arbeit anfühlt.*
Handball ist für mich: *Die einzige Sportart, bei der ich während der gesamten Spielzeit nicht ein Mal aufs Handy schaue. Deswegen habe ich Bock auf Handball!*

FOMTASTISCH

Andi Wolff als Kamerajunge, Affen-Liegestütze und eine Nosferatu-Spinne, die beim Live-Interview an der Haustür klingelt: Als Moderator und Kommentator im Handball zu arbeiten, ist einfach der beste Job der Welt.

Ich war anfangs eigentlich nur ein junger Reporter, der tierisch Bock hatte, über Handball zu berichten. Und die Handballer freuten sich einfach nur, dass ich über sie berichtete. Diese Erfahrung gerade aus der ersten Zeit meiner Medien-Laufbahn vor über acht Jahren erklärt unter anderem, warum ich mich bis heute für diesen Sport begeistere. Handballer sind eben Handballer und bleiben Handballer. Handballer sind ganz normale Menschen. „Normal" im absolut positiven Sinn. Dieses „normal" ist für mich aber gerade das Besondere.

Es war im Frühjahr 2015. Instagram und TikTok waren weit entfernte Planeten in einer noch nicht entdeckten Galaxie. Wer wie ich über YouTube Videos veröffentlichte, galt als Exot. Was heute selbst Oma und Opa mit einem Finger auf ihrem Smartphone schaffen, war damals eine Heidenarbeit. Genau das war vermutlich einer der Gründe, warum diese kurzen Videos so besonders und auch erfolgreich waren.

Im schwarzen Polo von Halle zu Halle

Ging es mir zunächst darum, meinen Freunden, die sich nach der Schulzeit nach und nach in die weite Welt verabschiedeten, kleine Eindrücke aus der Heimat in Form von Videos zu vermitteln, konzentrierte ich mich bald immer mehr auf den Handball. Zu viel Spaß machte es mir, von den Spielen rund um Kiel zu berichten. Ich setzte mich in meinen schwarzen Polo und fuhr zum Beispiel in die Blandfordhalle in meinem Geburtsort Preetz oder in die Gogenkroghalle in Neustadt. Auch in der Sporthalle Weddingstedt war ich sehr regelmäßig und in der Flensburger Idrætshallen nahe der dänischen Grenze.

Mein Kofferraum war jedes Mal vollgepackt. Die Ausstattung für meine Video-Drehs hatte ich mir mit Liebe zum Detail zusammengeschustert. Zwei große Aufstell-Scheinwerfer mit mehreren Lampen, zwei Stative und zwei Kameras. Dazu meine Moderationskarten, die ich vorab zu Hause als Vorbereitung schrieb. Und als Herzstück meine Theke: etwa 1,30 Meter hoch, 2 Meter breit, weiß mit orangenem Schriftzug „Radio FOM" auf der Front und mit einer Holzplatte obendrauf, damit meine Interviewpartner und ich vernünftig vor der Kamera stehen und quatschen konnten. Alles zum Zusammenstecken. Eine gute halbe Stunde kostete mich der Aufbau vor jedem Spiel. Der Lohn? Die Freude der Vereine, der Spieler und der Fans. Alle freuten sich einfach, dass ich auf meinem YouTube-Kanal Radio FOM berichtete.

Die besten Anekdoten lieferte der Handball

Zunächst besuchte ich hauptsächlich die unteren Spielklassen. In der 4. bis 6. Liga war ich schnell heimisch. Dann kamen, erst vereinzelt, mit der Zeit immer mehr Anfragen von Vereinen der 3. Liga, ob ich nicht mal aus ihrer Halle berichten wollte. Und mit jedem Mal, bei dem ich meine Radio-FOM-Theke in einer weiteren Halle am Spielfeldrand zusammenbaute, baute ich mir auch mein Netzwerk weiter auf. So parkte mein schwarzer Polo fortan immer öfter vor der Hamburger Sporthalle, wo ich erst mit Radio FOM, dann als Livestream-Kommentator und Hallensprecher die turbulenten Wiederaufstiegsjahre 2016 bis 2023 des HSV Hamburg begleitete und gleichzeitig Kontakt zu den Machullas, Glandorfs und Jansens bekam. Zudem rief der NDR an, für den ich im Handball, hier und da auch im Fußball und bei anderen Sportveranstaltungen im Einsatz war. Das machte mächtig Spaß, vor allem die Einsätze bei Holstein Kiel.

Die besten Anekdoten lieferte aber der Handball, das ist sicher. Ich kassierte unzählige Sektduschen, lernte nie daraus und vergaß jedes Jahr aufs Neue bei den Finalspielen meine Wechselklamotten. Ich bekam so viele tolle Geschichten erzählt und freute mich trotzdem immer wieder über die nächste Story. Ich habe auch ausgehalten, wie zugeharzte Bälle mir meine Theke versauten oder sogar in meinen Scheinwerfern einschlugen. Alles egal!

Besonders gern erinnere ich mich an die folgenden Anekdoten zurück.

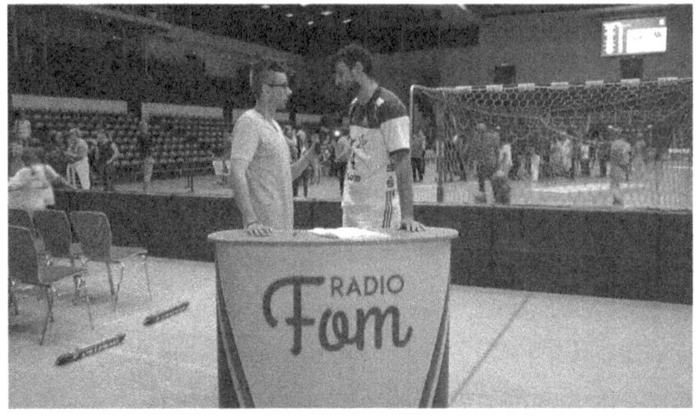

© Finn-Ole Martins

Schnell waren auch die Großen zu Gast: Finn-Ole Martins im Gespräch mit Domagoj Duvnjak.

Andi Wolff, der Kameragehilfe

August 2016: Der Handball Sport Verein Hamburg war gerade im zweiten Anlauf nach der Neuausrichtung in die 3. Liga aufgestiegen. Testspiel gegen den THW Kiel, gespickt mit zahlreichen Topprofis. Alleiniger Star bei den Gastgebern: Stefan Schröder, kurz: Schrödi, der als einziger Profi aus dem früheren Hamburger Erstliga-Kader an Bord geblieben war für den sportlichen Wiederaufstieg. In meinem Fokus waren diesmal aber ausnahmsweise die THW-Profis.

Ich hatte meine Radio-FOM-Theke aufgebaut, alles so wie immer. Da machte ich keinen Unterschied nach Halle oder Liga. Im Visier hatte ich die beiden Zugänge Raul Santos und Nikola Bilyk sowie den frisch gebackenen Europameister Rune Dahmke. Obwohl es nur ein Testspiel war, fluteten mehrere Tausend Fans die Hamburger Sporthalle an der Krochmannstraße. Das Spiel war gut, die Zuschauer waren zufrieden. Die Kieler hatten locker gewonnen, was keine Überraschung war. Die Überraschung erlebte ich kurz nach dem Abpfiff. Während ich noch meine Kameras justierte, machten es sich Santos, Bilyk und Dahmke an meiner Theke gemütlich. Und ich sah nur, wie sich Raul Santos das Mikro schnappte und die anderen beiden in bester „Das aktuelle Sportstudio"-Manier anmoderierte. Die drei alberten gut gelaunt herum und machten mir meinen Job mehr als leicht.

Als ich das Mikrofon und damit das Zepter übernahm – wir sprachen natürlich auch über die Leistung und die Erwartungen an die neue Saison –, reihte sich das nächste Kieler Zebra in die Reihe der Spaßvögel ein. Keeper Andi Wolff hatte sich während der Aufnahme die Kamera geschnappt und spielte den Gehilfen. Was für die Bildqualität unterirdisch war, entpuppte sich für den Clip insgesamt als Gold wert, denn Andi war spontan bereit, auch zu uns in die Runde zu kommen. Ich verstrickte ihn in einen Smalltalk über im Raum stehende Wetten seinerseits mit Tobias Reichmann über die Anzahl möglicher Champions-League-Gewinne innerhalb der nächsten fünf Jahre. Und Wolff machte mit. Den Wetteinsatz plauderte er nicht aus – dass sie aber dreimal innerhalb von fünf Jahren den Pokal holen wollten, flötete er munter in jene Kamera, die er kurz zuvor selbst ausgerichtet hatte. Und während wir zu fünft so lachten, wurde mir mal wieder bewusst, wie normal diese Jungs einfach sind. Selbst die Stars des THW. Zwei von ihnen gewannen dann – vier Jahre später – tatsächlich die Champions League; einer – Wolff – war in diesem Sinn ein Jahr zu früh nach Kielce gewechselt.

Wie ich mich zum Affen machte

Februar 2019: Ich hatte zum wiederholten Mal das Final Four der Frauen im schleswig-holsteinischen Landespokal begleitet. Die HG Owschlag-Kropp-Tetenhusen setzte sich gegen die HSG Jörl-Doppeleiche Viöl durch, kleine Sektdusche nach der Partie inklusive. Mittlerweile hatte ich gemeinsam mit Michel Hamann bei Sprungwurf TV ein weiteres Internetformat an den Start gebracht und anlässlich des Sieges waren drei der HG-OKT-Mädels zu Gast in unserer Sendung. Das hieß: in Michels Wohnzimmer. Die Aufnahme lief, ich war im Flow – da ging die Tür auf und ein Affe spazierte herein. Ein Affe! Gut, es war ein Kostüm-Affe als Maskottchen der Mannschaft, aber plötzlich hatten wir dann sogar das gesamte Team bei uns. Im Verlauf der Sendung ließ ich mich zu einer Wette hinreißen: Sollte die HG OKT im DHB-Pokal ein Heimspiel bekommen, würde ich in das Affenkostüm steigen und das Maskottchen machen.

Acht Monate später, Heimspiel der HG OKT in der ersten Runde des DHB-Pokals gegen das Team Buxtehude. Da stand ich also, in den Katakomben der Sporthalle Owschlag, in einem Affenkostüm und lief kurz darauf mit den Spielerinnen zusammen ein. Ich gab alles, klatschte die Mädels ab, heizte dem Publikum ein, zog La Olas an und überraschte mich selbst unter dem frenetischen Jubel der Zuschauer mit etlichen Liegestützen in der Auszeit. Es war so anstrengend. Es war so heiß. Es war so lustig!

Am nächsten Tag hatte ich – dann wieder als Reporter – Johannes Golla von der SG Flensburg-Handewitt vor dem Mikro. Alles gut, alles wie immer. Nur bei der Verabschiedung meinte Golla: „Ciao, FOM, mach's gut. Übrigens: Starke Performance gestern als Maskottchen. Respekt!" Er war also auch unter den Zuschauern des Pokalspiels der Frauen gewesen. Seine Schwester Paulina spielte bei den Gästen aus Buxtehude, als ich meinen Wetteinsatz einlöste.

Lachsalven mit Theuer und Schubi

Januar 2022: Für ein *Bock auf Handball*-Insta-Live hatte ich zusammen mit Jari Brüggmann von „Drei.Zwo.Eins" Maximilian Schubert und Christoph Theuerkauf zu Gast. Zwar hatten Schubert, der Linksaußen vom TuS Dotzheim, und Theuerkauf, der langjährige Nationalspieler und noch langjährigere überragende Geschichten-Erzähler, nie zusammen in einem Verein gespielt. Aber Theuer war bekannt dafür, immer gut unterrichtet zu sein. Manchmal zur Überraschung seiner Mitmenschen. Diese Erfahrung sollte auch Schubi in jenem Insta-Live machen.

Dabei ging es mit einer scheinbar harmlosen Spitze Theuers los, der in Richtung Schubi anmerkte, dass dieser ja nicht die größte Sprungkraft habe. Als Schubi zunächst nicht so richtig in diese Andeutung einstieg, ging es los:

Theuer: „Fakten, ich habe ja Fakten. Es ist ja nicht so, dass es keine Schnitzel-Geschichte gibt. Ich weiß nicht, ob die hier schon mal aufgemacht wurde?"

Schubi: „Dass du das hier bringst – und ich habe gestern noch Petko zugeguckt bei seinem Sieg …"

Theuer: „Ich hätte nicht gesagt, wo und mit welchem Trainer. Aber gut, wenn du sagst, Petko – dann warst du bei Frisch Auf, warst ein junger Linksaußen, hast vielleicht den Mund ein bisschen vollgenommen … Um es mal zu erklären – Petko hat damals gesagt: Du kannst nicht höher springen, als ein Schnitzel dick ist."

Theuer und Schubert steigerten sich in unserem Livevideos so überragend, so unfassbar lustig in die Geschichte rein, dass Jari und mir – die eigentlich ja die Nummer moderierten – vor lauter Lachen die Stimme wegblieb. Was Besseres, als die beiden einfach reden zu lassen, konnten wir nicht tun. Wollten wir auch nicht.

Was war geschehen? Mit „Petko" gemeint war in dieser Anekdote Velimir Petković, der von 2004 bis 2013 Frisch Auf Göppingen trainierte. Petković monierte in einem Training die seiner Meinung nach eher dürftige Sprungkraft Schuberts. Und zwar in seiner unter Handballern als legendär bekannten Art und mit leicht jugoslawischem Akzent: „Schubi, *jebote*! Was ist das für ein Bein? Du kannst nicht höher springen als Schnitzel!" Vor dem nächsten Spiel von Frisch Auf sammelte sich dann die Mannschaft wie vor jedem Spiel zu einem Kreis in der Halle. Und wie jedes Mal fragte Petko: „Hat noch jemand was?" Daraufhin präsentierte Schubert ein Schnitzel, warf es in die Mitte und sprang drüber. Die Mannschaft brach in eine kollektive Lachsalve aus, nur der Trainer fand das gar nicht komisch. Er ließ Schubert beim nächsten Training 40 Tore von außen werfen. Mit der Vorgabe: alle lang-flach. Allerdings hatte der Fuchs von einem Trainer den Torwart vorher informiert, dass alle Bälle lang-flach kommen würden.

Theuer und Schubert lieferten sich mit der Geschichte ein Ping-Pong an Witzen und Insidern – und ich kam aus dem Lachen nicht mehr raus. Der Dreh wurde völlig zu Recht zu einem der meistgeklickten Videos.

Juri Knorr und die Nosferatu-Spinne

September 2022: Das, was in meinem Insta-Live mit Juri Knorr passierte, gehört sicher zu den unglaublichsten Geschichten, die mir live passierten. *Bock auf Handball* stellte im Magazin Juri Knorr vor, den Shooting-Star der Rhein-Neckar Löwen. Und ich machte das begleitende Insta-Live dazu. „Crossmedial verlängern" nennt man das. Egal, abgelenkt. Wie damals bei dem Dreh. Ich sprach also per Facetime mit Juri, der zu Hause an seinem Esstisch saß. Ich weiß gar nicht mehr, bei welchem Thema wir waren, da klingelte es an seiner Haustür. Juri reagierte überrascht: „Keine Ahnung, wer das sein sollte." „Der Pizzabote vielleicht?" „Nein", er schüttelte den Kopf und ignorierte das Klingeln.

Wenig später ging die Klingel zum zweiten Mal. Alles live, alles für unsere User mitzuerleben und vor allem mitzuhören, was sich dann an der Wohnungstür abspielte. Juri öffnete. Es war ein panischer Nachbar, der um Hilfe flehte. „Wir haben eine Nosferatu-Spinne im Treppenhaus!!" Wir alle hörten Juri antworten, dass er gerade wirklich keine Zeit dafür habe. Dann kam er wieder zurück an den Esstisch und ins Bild. Und wir sprachen weiter, ohne auf die Aufregung einzugehen. Obwohl vor dieser gefährlichen Spinne zu dieser Zeit in den Medien hoch und runter gewarnt wurde.

Später stellte sich heraus, dass es sich bei der Spinne in Juris Treppenhaus tatsächlich um eine Nosferatu-Spinne gehandelt hatte. Auf diese krasse Situation und unseren Talk wurden sowohl Juri als auch ich in der Folge unzählige Male angesprochen. Und der Clip ging viral.

Gemeinschaft, Zufriedenheit, Dankbarkeit

Wenn ich heute, als Kommentator des Dyn-Teams, zurückblicke und überlege, wie sich alles seit den Anfängen meiner Radio-FOM-Theke im Kofferraum meines schwarzen Polos entwickelt hat, kann ich es kaum glauben. Manchmal habe ich diese Momente, in denen ich zum Beispiel bei einem Champions-League-Spiel vor meinem Mikro sitze, die ganze Halle ihre Mannschaft nach vorne peitscht und ich merke: Ich bin hier mittendrin. Dann kommt mir für den Bruchteil einer Sekunde eine frühere Situation in den Kopf, wie einem manchmal bei einem bestimmten Geruch oder Song blitzartig ein früherer Urlaub nochmal in den Sinn kommt. Bei mir sind es dann Szenen aus meinen Anfängen als Reporter, als ich von den großen Spielen der kleineren Vereine berichtet habe. Und die damit verbundenen Gefühle: Gemeinschaft, Zufriedenheit, Dankbarkeit. Das Ganze dauert vielleicht eine Sekunde. Dann reißt mich eine packende Szene aus meiner Nostalgie zurück ins aktuelle Spielgeschehen. Überragend – anders kann ich es nicht beschreiben.

Heute fahre ich nicht mehr mit meinem Polo, sondern meistens mit der Bahn zu meinen Einsätzen. Die Hallen sind größer. Ostseehalle, Hölle Nord, Kölnarena und wie sie alle heißen. Aber in meinem Herzen bin ich immer noch der junge Reporter, der einfach Bock hat, über Handball zu berichten. Egal, wie groß das Spiel, wie groß die Bühne oder wie groß der Gegenüber ist.

HALBZEITINTERVIEW MIT JARI BRÜGGMANN

Er war 2016 Teil der Aufstiegsmannschaft des HSV Handball, jahrelang das Social-Media-Gesicht der Hamburger, arbeitet jetzt unter anderem für den Sportsender Dyn und die EHF und bietet mit seiner Handball-Satireseite Drei. Zwo.Eins *den Fans von der Kreisklasse bis in die Bundesliga beste Handballunterhaltung.*

Jari, dieses Buch lesen nicht nur junge Handballerinnen und Handballer, sondern auch solche, die noch Europapokal-Abende mit TuSEM Essen in der Grugahalle erlebt haben. Deswegen: Was sind überhaupt Handball-„Memes"?

Jari Brüggmann: Also ChatGPT würde wahrscheinlich sagen: „Memes sind Teil der Internetkultur und dienen dazu, Informationen, Ideen oder Stimmungen auf unterhaltsame Weise zu verbreiten." Und das ist genau das, was wir wollen. Wir wollen das Handballgeschehen anhand von Memes auf humoristische Weise erzählen und erklären. Wir versuchen, eine Information nicht in einem Text mit 500 Wörtern zu verpacken, sondern sie in ein kleines Bild im Internet zu stecken. In der Schule habe ich mal gelernt: „Ein Bild sagt mehr als tausend Worte“ – und das ist die Basis.

Handballer werfen Tore, um zu gewinnen – warum entwerft Ihr Memes? Was motiviert Euch, was treibt Euch an?

Jari: Handball wird sehr oft sehr gleich erzählt. Wir sind vier Jungs, die sich bei WhatsApp ihre Handball-Gags, Memes und Videos um die Ohren feuern. Humor ist unser Tool, um da anzufangen, wo andere aufhören nachzudenken. Dabei gehen wir manchmal an Grenzen. Oft fühlt sich wahrscheinlich auch ein Verein oder ein Fan auf die Füße getreten. Aber wir ecken bewusst an, um auf Themen aufmerksam zu machen, die aus unserer Sicht angesprochen werden sollten. Wir sind unabhängig, gehören keinem Verein und keiner Organisation an und können daher die Dinge so aussprechen, wie sie in Deutschlands Handballkabinen ausgesprochen werden.

Ihr habt Follower von der Kreisklasse bis in die Bundesliga – wer zählt alles zu Euren Fans?

Jari: Am Ende geht es uns nicht darum, wer uns folgt, sondern es geht darum, dass wir dem Handball helfen wollen, in Bereiche vorzudringen, die er vielleicht noch nicht zu 100 Prozent abdeckt. Meiner Meinung nach ist Humor im Handball leider noch nicht weit genug verbreitet. Und das wollen wir ändern. Wir wollen nicht die Stimme der

Nation sein, sondern Handballern im Alltag ein kleines Lächeln auf die Lippen zaubern.

Und bevor es hier mit *Bock auf Handball* in die zweite Halbzeit geht, hat Jari auf der nächsten Doppelseite noch seine persönlichen Top-4-Memes mitgebracht. Viel Spaß!

FIND SOMEONE WHO LOOKS AT YOU THE WAY BOB LOOKS AT KRETZSCHE

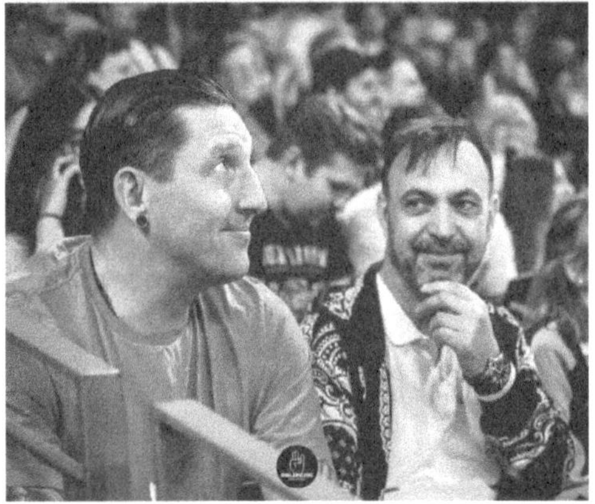

10 DINGE

DIE, DIE SAUDIS ALS NACHSTES KAUFEN

- **Mikkel Hansen**
- Kleiderschrank von Bob Hanning
- Die BG-Ansprüche von Gisli Kristjansson
- Friseur von Pascal Hens
- Deutschlands U21
- Die Bildrechte von Dyn
- Den Admin von Handball Leaks
- Kolstad (ist aber auch nicht mehr so viel wert)
- Fernsehrechte am Kampf zwischen Musk und Zuckerberg
- Robert Weber

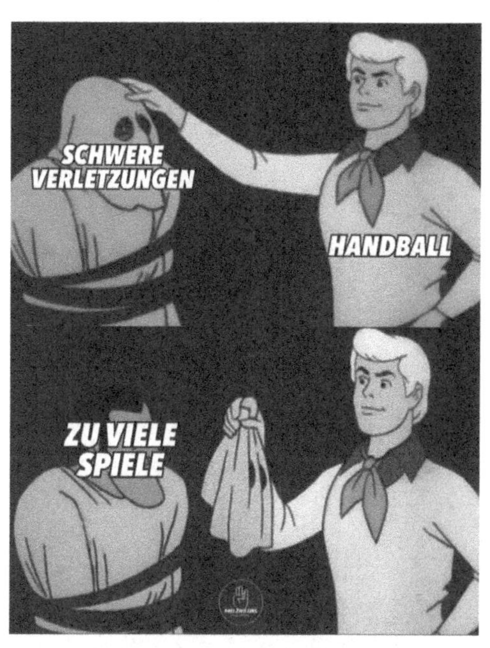
SCHWERE VERLETZUNGEN
HANDBALL
ZU VIELE SPIELE

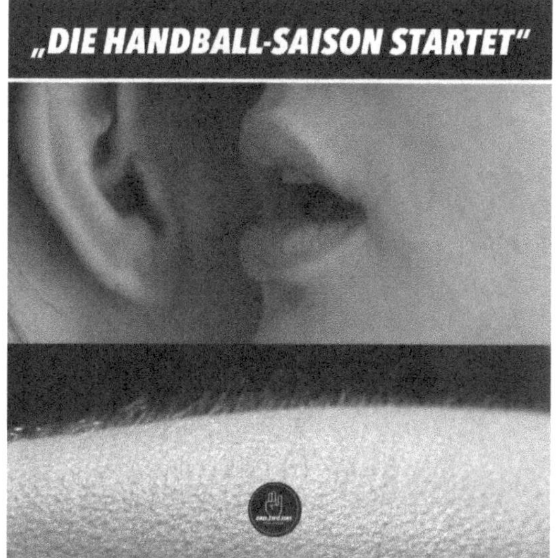
„DIE HANDBALL-SAISON STARTET"

PATRICK WIENCEK

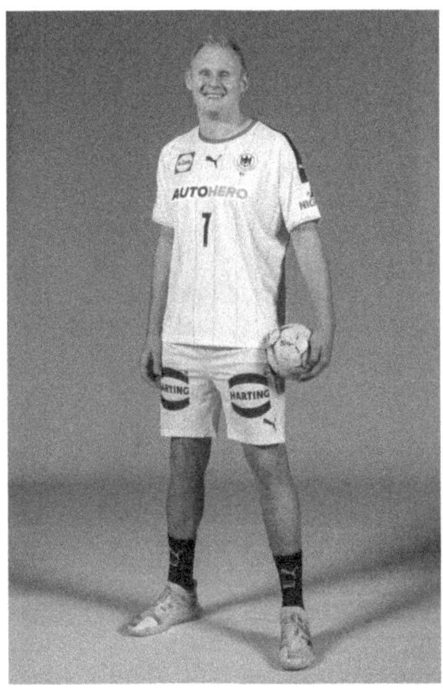

© Sascha Klahn

Name: *Patrick Wiencek*
Spitzname: *Piet, Bam-Bam*
Position: *Kreis*
Geboren am: *22. März 1989*
Geboren in: *Duisburg*
Größter Erfolg: *Champions-League-Sieger 2020 mit dem THW Kiel*
Handball ist für mich: *Hart, aber fair. Deswegen habe ich Bock auf Handball!*

SUPERJEILEZICK

Vorvertrag mit dem THW Kiel, dann suspendiert und vorübergehend in der Oberliga auf dem Abstellgleis: Meine Zeit in Gummersbach war nicht leicht. Dafür lernte ich dank genau dieser schwierigen Umstände meine Ehefrau kennen – im Karneval.

Bützje links, Bützje rechts. Ein frisch gezapftes Kölsch, ausgelassen feiernde Menschen und aus irgendeiner Box grölen die Brings ihren Dauerhit „Superjeilezick“. Das ist Karneval in Köln. Und obwohl ich als Duisburger ja von der „falschen“ Rheinseite komme, hatte auch ich eine supergeile Zeit im Kölner Karneval 2011, denn ich kam dort mit meiner heutigen Ehefrau Fabiane zusammen. Dass ich als Profihandballer überhaupt Gelegenheit hatte, richtig Karneval zu feiern, lag an einem alles andere als lustigen Umstand: Ich war von meinem damaligen Verein, dem VfL Gummersbach, suspendiert worden, durfte nur noch in der zweiten Mannschaft in der Oberliga spielen und hatte folglich jede Menge Zeit.

Vorvertrag bei den Zebras

Was war passiert? Es war meine erste Saison für den VfL Gummersbach, nachdem ich zuvor beim TuSEM Essen in der zweiten Liga den Durchbruch geschafft hatte und von

Heiner Brand erstmals in die Nationalmannschaft berufen worden war. Mit Gummersbach spielten wir im oberen Mittelfeld. Ich fühlte mich in der Mannschaft wohl, zeigte immer öfter immer bessere Leistungen am Kreis und war in der ersten Liga angekommen. Meine guten Leistungen waren offenbar auch dem THW Kiel aufgefallen, denn Anfang 2011 bekam ich von Kiels damaligem Manager Uli Derad das Angebot, ab der übernächsten Saison, 2012/13, bei den Zebras zu spielen. Ich sagte zu.

Nachdem ich diese Entscheidung gefällt und einen Vorvertrag unterzeichnet hatte, ging ich zu unserem Manager Axel Geerken und gab Bescheid, dass ich in eineinhalb Jahren zum THW Kiel wechseln würde. Ist doch nur fair, mit offenen Karten zu spielen, dachte ich, so hat der VfL auch genug Zeit, zu planen. Ich war 21 Jahre alt und machte mir keine großen Gedanken. Wieso auch? Ich sagte geradeheraus, was Sache war. So war ich nun mal. So bin ich noch immer: offen, direkt, ehrlich. Vielleicht war es etwas naiv, das ist möglich. Vielleicht hätte ich meinen Mund halten sollen. Tat ich aber nicht.

Der Trainer schickte mich umgehend wieder nach Hause

Am nächsten Tag fuhr ich zum Training. Parkte mein Auto vor der Handballhalle am Lindengymnasium, wo wir in der Regel trainierten. Doch statt zu trainieren, konnte ich direkt wieder fahren. Trainer Sead Hasanefendić schickte mich umgehend nach Hause. Ich war raus. Was sollte das denn? Was war los? Schnell wurde mir klar, was Sache war. Den Verantwortlichen beim VfL passte mein Vorvertrag mit Kiel nicht, und durch meine Suspendierung sollte Druck auf den THW aufgebaut werden, mich unter diesen Umständen vielleicht schon früher und dafür mit einer stattlichen Ablöse zu holen. Mir passte das überhaupt nicht. Das war mir zu politisch, zu strategisch und vor allem nicht sauber. Plötzlich stand ich auf dem Abstellgleis und sollte statt in der Bundesliga fortan nur noch für die zweite Mannschaft spielen. Oberliga. Zweimal pro Woche Training, dazu ein Spiel am Wochenende.

Als Nationalspieler in der Oberliga

Jetzt trainierte ich also als Nationalspieler mit der zweiten Mannschaft in der Oberliga. Das war alles andere als eine einfache oder befriedigende Situation für mich. Aber von den Jungs aus meiner Mannschaft – beziehungsweise aus meinen beiden Mannschaften, ich war ja jetzt vorübergehend Teil der Zweiten – konnte natürlich keiner etwas dafür. Und auch in der Halle machte ich keinen Unterschied zwischen Oberliga und Bundesliga – ich hängte mich voll rein. So, wie ich es seit jeher in jedem Training machte und auch heute noch mache. Die Spiele mit der Oberligatruppe spielte ich durch und gab alles, machte dementsprechend jede Menge Tore. Sicher missfiel dem einen oder anderen Gegner, dass da plötzlich ein Profi mit auf der Platte stand, aber ich hatte es mir ja nicht ausgesucht und wollte vor allem eins: Handball spielen.

So sehr ich mich in der Oberliga reinhängte, es blieb bei zwei Trainings und einem Spiel. Ich hatte also nun jede Menge Freizeit. Zeit, die ich unter anderem nutzte, um meinen Eltern beim Renovieren ihres Hauses zu helfen. Und dabei passierte es: Ich stemmte mit dem Bohrhammer einen Durchbruch, als sich der Bohrer in einem Stück Eisen verkantete. Die Maschine drehte munter weiter und ich brach mir die Mittelhand. Dabei hatte ich noch Glück im Unglück. Trotzdem: fünf Wochen Krankenschein und Handballpause. Mit einer gebrochenen Hand konnte ich auch in der Oberliga nicht auflaufen. Das war gut für unsere Gegner, die mit uns um den Aufstieg in die dritte Liga kämpften, und schlecht für mich – zumindest sportlich.

Zuspruch von Lütti, Oli und Co.

Als ich meine Verletzung endlich auskuriert hatte, war ich schon drei Monate nicht mehr für die erste Mannschaft im Einsatz gewesen. Trotzdem nominierte mich Bundestrainer Martin Heuberger Mitte April für das Testländerspiel gegen Norwegen in Rostock. Den Tag werde ich nie vergessen. Es war ein Samstag, und ich reiste als Oberligaspieler zur deutschen Handballnationalmannschaft. Der Lehrgang tat mir unheimlich gut, weil ich von meinen Mitspielern aus der Nationalmannschaft, die mitbekommen hatten, was da mit mir in Gummersbach passierte, viel Unterstützung bekam. Zum Beispiel von Carsten Lichtlein und Oliver Roggisch. Ich weiß noch, wie sie mit mir mitfühlten: „Das ist nicht gut, wie sie da mit dir umgehen!", sagten sie.

Mit meiner Situation sollte Geld verdient werden. Das fand ich nicht gut. Damals nicht – und heute auch noch nicht. Aber heute weiß ich natürlich, wie das Geschäft läuft. Ich habe meine Erfahrungen gemacht und viel gelernt. Heute kann ich sogar – mit dem entsprechenden Abstand – darüber lachen. Vor allem, weil die Geschichte für mich eine ganz besondere und ganz besonders positive Nebenwirkung hatte.

Fabi war aufregender als das Spiel

In der Geschäftsstelle in Gummersbach hatten wir eine Mitarbeiterin: Fabiane. Sie studierte Medienwissenschaften in Köln und machte bei uns im Verein ein Praktikum. Ich hatte sie dort schon ein paar Mal gesehen, aber so richtig kennengelernt hatte ich sie bisher nicht. Das änderte sich in meiner Oberligazeit. Bei den Heimspielen unserer ersten Mannschaft war ich selbstverständlich anwesend – aber eben nicht mehr als Spieler, sondern als Zuschauer. Und bei einem dieser Heimspiele kam ich mit Fabi ins Gespräch. Wir plauschten richtig nett und intensiv – das Spiel kann nicht sonderlich aufregend gewesen sein. Aber sie war es, Fabi war aufregend. Umso mehr freute ich mich, dass sie mich spontan einlud, mit ihr in Köln Karneval zu feiern.

Ein paar Tage später war es so weit. Ich bequatschte meinen jüngeren Bruder David, der gerade seinen Führerschein gemacht hatte, mich nach Köln zu fahren. Dort traf ich mich nachmittags erstmal mit ein paar Jungs aus der zweiten Mannschaft, und wie das im Karneval so ist, tranken wir ein Kölsch. Beziehungsweise ein paar Kölsch – die sind ja mit einem Schluck leer.

Party am Neumarkt

Am frühen Abend zogen wir dann weiter auf den Neumarkt, wo auch Fabi mit ihrer Mannschaft feierte. Denn auch Fabi spielte Handball, damals beim TuS Lintfort in der 2. Bundesliga. Es wurde ein richtig schöner Abend. Wir feierten zusammen, hatten jede Menge Spaß und landeten schließlich bei ihr zu Hause. Dort ging es dann weiter: Wir quatschten, tranken und lachten … und quatschten, tranken und lachten … und schliefen irgendwann auf der Couch ein. Ende. Gute Nacht.

Am nächsten Morgen nahm Fabi mich dann mit zurück nach Gummersbach, wo sie praktischerweise einen Termin hatte. Bei einem unserer nächsten „Termine" kamen wir dann zusammen. Eineinhalb Jahre später – ich erfüllte meinen Vertrag in Gummersbach bis zum Schluss – zogen wir dann nach Kiel. Dort leben wir jetzt schon seit über zehn Jahren. Zusammen. Glücklich. Und mit zwei wundervollen Kindern. Fabi hat mir von Anfang an den Rücken freigehalten. Sie kümmert sich um alles und ermöglicht mir damit mein Leben als Profisportler. Kindergarten, Schule, Freizeitaktivitäten – wenn ich mit dem THW auf Achse bin, kümmert sie sich um die Kinder.

Titel statt Karneval feiern

Während dieser Zeit in Kiel habe ich mit dem THW sechsmal die Deutsche Meisterschaft, viermal den Pokal und 2020 sogar die Champions League gewonnen – aber die reizende Praktikantin aus der Gummersbacher Geschäftsstelle geheiratet zu haben, war definitiv mein bisher größter Wurf. Hier in Kiel gibt es zwar keinen Karneval – dafür aber eben fast jeden Sommer einen schönen Titel zu feiern. Dafür gab und gebe ich alles. Ich spiele Handball mit 100 Prozent Einsatz. Egal, ob in der Oberliga wie damals oder heute in der Champions League.

Ach ja: Unmittelbar nach meinem Länderspieleinsatz gegen Norwegen durfte ich plötzlich doch wieder für Gummersbach in der Bundesliga spielen und tat es die restlichen knapp eineinhalb Jahre meiner Vertragslaufzeit, bevor es an die Ostsee ging.

TORSTEN LUCHT

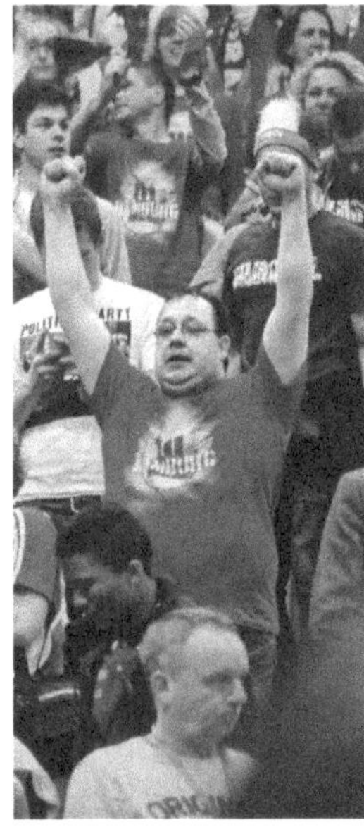

© Christian Pöhls

Name: *Torsten Lucht*
Spitzname: *Luchti*
Position: *Fanblock*
Geboren am: *6. August 1973*
Geboren in: *Lübeck*
Größter Erfolg: *Diese besondere Bindung zwischen den Spielern und den Fans des HSVH mit aufgebaut zu haben.*
Handball ist für mich: *Familiär, friedlich, bodenständig und absolute Leidenschaft. Deswegen habe ich Bock auf Handball!*

MIT DEM EUROPAPOKAL IM KOFFERRAUM DURCH HAMBURG

In über 35 Jahren als HSVH-Fan habe ich die verrücktesten Dinge erlebt – von einem Anruf aus dem Kanzleramt über eine Auswärtsfahrt im Schulbus bis hin zum legendären Projekt 8.

Seit ich in der C-Jugend beim VfL Bad Schwartau das erste Mal beim Handball war, habe ich bestimmt über 2.000 Handballspiele gesehen. Ich habe selbst gespielt und war als Schiedsrichter bis in die 3. Liga aktiv. Und wenn ich selbst nicht aktiv war, habe ich Handball geschaut. Im Fernsehen, sowieso, aber zahllose Spiele auch live als Fan in den Hallen. Mein Verein ist der Handball Sport Verein Hamburg (HSVH). Meine Leidenschaft ist der Handball. Seit über 35 Jahren. Ich weiß nicht, ob ich mich noch an jede Anekdote aus jeder Halle erinnere – aber manche Erinnerungen kommen mir sofort in den Kopf, wenn ich an diese bewegende Zeit als Fan und auch als Mitarbeiter in der Geschäftsstelle des Vereins zurückdenke.

Projekt 8

April 2008. Der HSVH war in seiner ersten Champions-League-Saison kurz davor, das Finale zu erreichen – und gleichzeitig meilenweit davon entfernt. Denn das Halbfinal-Hinspiel bei Ciudad Real verlor die Mannschaft vom damaligen Trainer Martin Schwalb klar mit sieben Toren. Zuhause mussten wir also mit acht Toren das Rückspiel gewinnen.

Mit „wir" waren vereinsübergreifend alle gemeint. Die Mannschaft, klar. Jeder einzelne Spieler von den Torhütern über die Außen- und die Rückraumspieler bis hin zu den Kreisläufern. Es waren aber auch alle Fans gemeint, alle Zuschauer, Funktionäre, Helfer, einfach alle, die in Hamburg in diesen Tagen mit Handball zu tun hatten. Wir sprachen nur noch vom Projekt 8. Die Medien griffen dieses filmreife Motto auf, überall sah man Werbung für unser Projekt 8. Die Stadt plante sich in einen Rausch.

Am Spieltag war die Color Line Arena, so hieß unsere Halle damals, mit 12.800 Fans ausverkauft. Jeder Zuschauer hatte eine „Projekt 8"-Klatschpappe. Jeder wusste, worum es ging, jeder war heiß. Unsere Gegner aus Ciudad Real beeindruckte das mäßig. Sie traten mit einer gewissen Arroganz auf. Das meine ich nicht negativ – sie konnten sich ihre Arroganz leisten, sie wussten, sie waren die Besten. Und warum sollten sie einen Sieben-Tore-Vorsprung noch hergeben?

Das Spiel selbst verlief zunächst relativ unspektakulär, zur Halbzeit aber führten wir mit drei Toren. Und in der zweiten Halbzeit brannte dann die Halle. Es wurde plötzlich greifbar. Das spürten wir auf der Tribüne, wir klatschten und schrien unsere Jungs nach vorne. Tor um Tor holten wir den Rückstand aus dem Hinspiel auf. Und das spürten auch die Spieler, die sich von uns anpeitschen ließen – uns aber auch durch ihre Aktionen und Emotionen den Ball immer wieder auf die Tribüne zurückspielten. Es war der absolute Wahnsinn. Pascal Hens, „Pommes" genannt, sagte im Nachhinein, dass das ein unglaublicher Hexenkessel war auf der Platte. Und dass er vorher dachte, mit dem WM-Sieg in Köln schon alles erlebt zu haben, dass diese Stimmung aber nochmal ganz anders, ganz besonders war.

Am Ende reichte es trotzdem nicht. Von den sieben Toren holten wir nur sechs auf. Es war knapp, extrem knapp. Und jeder Einzelne in der Halle hatte alles aus sich herausgeholt. Auf der Platte und auf der Tribüne. Alle waren stolz, alle fühlten, dass dieser Moment magisch war. Die Mannschaft stellte sich nach dem Abpfiff auf, applaudierte uns Fans. Und wir applaudierten der Mannschaft. Nicht eine Minute, nicht zwei. 15 Minuten lang spendeten wir uns gegenseitig Trost – aber eben auch Applaus für diesen Kraftakt, für unser Projekt 8. Sogar Eurosport schaltete für diese emotionale Viertelstunde extra noch mal in die Halle. Wir wussten einfach, dass in dem Moment der Niederlage etwas Großes entstanden war. Etwas, das vielleicht im Nachhinein für den Verein noch wichtiger war als ein mögliches Weiterkommen in der Champions League.

Übrigens: Wir hätten eh keine Halle gehabt für das Final-Hinspiel. Aber das nur am Rande. Kann man ja heute drüber sprechen mit etwas zeitlichem Abstand. Denn unsere

Halle war für den Termin schon belegt. Und wir hatten für den unwahrscheinlichen Fall, dass wir Ciudad Real doch noch geschlagen hätten, schon die wildesten Gedankenspiele. Unter anderem war eine Idee, für uns das Millerntor-Stadion zu überdachen. Dazu kam es nicht, weil wir nun mal verloren, und doch war es ein Riesengewinn für den Verein.

Wo ist der Europapokal?

Ein Jahr zuvor hatte es dagegen mit dem Einzug ins Finale geklappt. Das Finale gewannen wir denkbar knapp. Nach unserem 28:24-Sieg im Hinspiel in Hamburg reichte auswärts bei Ademar León dank der mehr geworfenen Auswärtstore eine 33:37-Niederlage, um den Europapokal der Pokalsieger zu gewinnen. Und genau dieser Pokal – also die Trophäe an sich – ist mir noch in allerbester Erinnerung.

Denn eine Woche vor unserem Heimspiel gegen Ademar bekamen wir den Pokal zu uns in die Geschäftsstelle geliefert. Den echten Europapokal der Pokalsieger, kein Duplikat oder so. Nach kurzem Staunen war die Frage bei uns Mitarbeitern, wer sich denn jetzt um das Ding kümmert. Keiner wollte ihn anfassen, keiner was kaputtmachen oder ihn gar verlieren. Am Ende hatte ich die Aufgabe gezogen und übernahm sieben Tage die Verantwortung, auf den Pott aufzupassen.

Jetzt gab es aber in der Woche einen Sponsorentermin, wohin der Pokal mitgenommen werden sollte. Also packte ich das gute Stück in meinen Junggesellen-Polo. Einfach so, in den Kofferraum. Ich fuhr den Europapokal der Pokalsieger quer durch Hamburg spazieren, nahm ihn kurz raus für den PR-Termin und verstaute ihn danach schnell wieder im Kofferraum. Nie hatte ich beim Parken in den folgenden Tagen bis zum Spiel mehr geschwitzt. Ich überprüfte immer mindestens dreimal, ob ich auch wirklich abgeschlossen hatte. Sollten sie mir doch meinen Polo aufbrechen – aber nicht in diesen paar Tagen, bitte.

Und am Spieltag selbst? Irgendwann fragte im Trubel der organisatorischen Vorbereitung auf die Partie einer der Offiziellen von der EHF, wo denn eigentlich der Pokal wäre. „In meinem Kofferraum." Schweigen. Pokal holen. Abgeben. Erleichterung – auf beiden Seiten.

So etwas wäre heutzutage … einfach undenkbar.

Zahltag für Schrödi

Im Dezember bekommen viele Angestellte Weihnachtsgeld. Bei Handballern ist das nicht unbedingt üblich. Und für Hamburgs Dauerbrenner und Publikumsliebling Stefan Schröder hieß es im Dezember 2006 sogar: Bezahlen!

Was war passiert? Wir waren im Europapokal der Pokalsieger im Achtelfinale. Das Hinspiel gegen Wisła Płock gewannen wir locker mit 39:26. Das hieß aber auch: Das Rückspiel in Polen war nur noch Formsache. Sportlich fast schon uninteressant und selbst für Fans kein Leckerbissen. Aber für uns Hamburger Fans natürlich trotzdem eine Überlegung wert. Schließlich waren und sind wir keine normalen Fans. Wir sind die Fans des HSVH. Und absolut verrückt – handballverrückt. Da kam es doch gerade recht, dass Stefan Schröder, den wir alle nur „Schrödi" nennen, mit einem besonderen und im Nachhinein vielleicht aus seiner Sicht etwas fahrlässigen Angebot zu mir kam: „Luchti, wenn du so Bekloppte findest, die mit nach Płock fahren – dann zahlen wir Spieler die Hälfte!"

Die Herausforderung nahm ich an. Ich fragte unseren Busfahrer Mirco Großer. „Mirco, ist das möglich? Können wir nach Płock fahren mit einem Fanbus?" „Kriegen wir hin!" Gut, dachte ich, dann kriegen wir das auch hin, den Bus vollzumachen. Wir fragten im Fankreis – Hinfahrt, eine Übernachtung, ab nach Hause. Wer kommt mit? Tatsächlich fanden sich 40 positiv Bekloppte, die diese Reise antreten wollten. Und ich wurde wieder bei Schrödi vorstellig: „Stefan, ich kriege Geld von dir …" Die Reise: halb bezahlt. Sein Gesicht: unbezahlbar.

Echte Fanfreundschaft

Als Fanfreundschaft bezeichnet man im Sport oft besondere Verbindungen zwischen den Fanlagern zweier Vereine. Im Fußball ist das besonders relevant, weil es da ja in der Regel eher keine Freundschaften unter den verschiedenen Fangruppierungen gibt. Das ist im Handball anders. Klar rivalisiert man da auch in der Halle und peitscht seine Mannschaft nach vorne. Aber es ist gleichzeitig auch die Regel und nicht die Ausnahme, vor und nach dem Spiel gemeinsam am Bierwagen sich selbst und den Handball allgemein zu feiern.

Mit „Fanfreundschaft" meine ich hier aber die Freundschaft von uns Fans zu den Spielern. Jeder Verein hat eine besondere Bindung zu seinen Fans. Entstanden durch bestimmte Ereignisse, durch gemeinsam erlebte Siege und gemeinsam erlebte Niederlagen. Und doch glaube ich, dass wir beim Handball Sport Verein Hamburg noch mal eine besondere Bindung zu unseren Spielern haben. Spätestens seit Projekt 8, seit jenem Spiel, bei dem man gespürt hat, was gemeinsam mit Mannschaft, Verein und Fans möglich ist. Wir sprechen mit unseren Spielern vor und nach den Spielen. Wir übernachten teilweise in denselben Hotels, feiern in denselben Bars, man kennt sich und man erkennt sich. Wenn wir nicht im Gästeblock stehen, registrieren die Spieler das.

Bei dieser engen Bindung, die sich in Hamburg über die Jahre entwickelt hat, war es kein Wunder, dass die Spieler 2009 auf mich zukamen: „Luchti, ihr müsst da was machen. Was für die Fans. Was gemeinsames!" Vorangegangen war eine schlechte Phase mit einem furchtbar schlechten Auswärtsspiel in Göppingen als Tiefpunkt. Wir organisierten kurzerhand ein Fanfest, in dessen Mittelpunkt ein Turnier stattfand. Mannschaften der verschiedenen Fanclubs traten gegen Teams mit den Profispielern an. Alle machten mit. Spieler, Fans, die Vereinsfunktionäre. Es war ein großes Fest für die gesamte Handballfamilie. Ich erinnere mich noch, wie Oleg Velyky beispielsweise in einem Spiel als Schiedsrichter im

Pierluigi-Collina-Stil unseren damaligen Coach Martin Schwalb strengstens ermahnte.

Das war ein Riesenspaß. Und ich bin froh und dankbar, dass gerade Oleg Velyky seine letzten beiden Jahre noch in Hamburg spielte. Dass ich ihn kennenlernen durfte. Und natürlich auch, dass er die Hamburger Fans kennenlernen durfte.

Kurz bevor Oleg seinen letzten großen Kampf gegen den Krebs verlor, buchte ich ihm in der HSVH-Geschäftsstelle seinen letzten Flug nach Kiew. Unter Tränen, weil uns allen klar war, dass wir einen tollen Spieler und noch tolleren Menschen verlieren würden. Umso schöner, diese wunderbaren Momente gemeinsam erlebt zu haben.

„Hier ist das Kanzleramt"

Einen meiner größten Fan-Momente erlebte ich mit vielen anderen Hamburg-Fans rund um das Champions-League-Final-Four 2013 in Köln. Das ganze Wochenende war ein einziges Handballfest, das wir gemeinsam durch die verschiedenen Fanlager hinweg erlebten. Mit den polnischen Fans aus Kielce, mit den spanischen Fans aus Barcelona – und ja, auch mit den Fans aus Kiel, die trotz ihres Ausscheidens dann am Finaltag zu uns hielten.

Nachdem wir tatsächlich sensationell den THW Kiel im Halbfinale geschlagen hatten, trafen wir uns am Sonntag auf der Kölner Domplatte und liefen zu Fuß in die Lanxess Arena auf der anderen Rheinseite. Die Kieler waren jetzt für uns, auch die Fans aus Kielce jubelten für den HSVH. Schließlich spielte mit Marcin Lijewski ein Pole für uns im Rückraum. Und nach unserem Wahnsinns-Finalsieg in der Verlängerung – wir schlugen Barcelona mit 30:29 – kamen dann selbst die Spanier zu uns. Sie gratulierten und einige feierten mit uns in einer der Kölner Kneipen den Abschluss dieses fantastischen Final-Four-Wochenendes. Auch dieses Final Four war wieder ein Beispiel dafür, wie die Fans im Handball zusammen ihren Sport feiern. Rivalisierend für 60 Minuten, ja – aber verbrüdert davor und danach. Und immer friedlich.

Einen Tag später, montagmorgens, klingelte bei uns in der Geschäftsstelle das Telefon. Und man rechnet ja mit vielem – damit aber hatte ich nicht gerechnet. „Guten Morgen. Hier ist das Kanzleramt. Frau Merkel möchte bitte Ihren Präsidenten Andreas Rudolph sprechen." Kaum zu glauben. Andererseits: Wir hatten gerade die Champions League gewonnen.

Mit dem Schulbus zum Getränkemarkt

Was ich ebenfalls nie vergessen werde, ist eine Auswärtsfahrt mit dem Fanbus zum Spiel gegen MT Melsungen, die 2006 ihre letzte Saison in der alten Halle in Rotenburg spielten. Wir hatten gerade einen neuen Bus-Sponsor gewonnen, der für die Fahrt einen relativ neuen Reisebus stellte. Viel PR, viel Tamtam, was man auch daran merkte, dass unter den 50 Mann an Bord unser damaliger Geschäftsführer Piet Krebs war. Von Hamburg ging es los, 360 Kilometer Richtung Süden.

Die erste Hälfte der Fahrt verlief gut. Gute Laune, guter Dinge, kein Stau. Bei Hannover spürten wir ein Holpern und wunderten uns, dass Jürgen, einer unserer Fahrer, außerplanmäßig von der Autobahn abfuhr. „Wir können nicht weiterfahren", hieß es. Ein Mechaniker musste kommen, der aber nur bestätigte, was Jürgen und auch der zweite Fahrer schon vermutet hatten. „Mit dem Bus fahren Sie keinen Meter mehr, die Hinterachse ist kaputt." Was für ein Pech, mitten auf der Strecke, noch 180 Kilometer entfernt vom Spiel in Melsungen. Und der Anpfiff rückte näher.

Aber das Busunternehmen reagierte schnell und pragmatisch. Es wurde kurzerhand ein anderer Bus zum Rastplatz bestellt. Es kam allerdings kein Reisebus. Es kam ein Schulbus. Und in den quetschten wir uns dann mit 50 Mann und juckelten die restlichen zwei Stunden zur Halle. Immerhin schafften wir es noch zur zweiten Halbzeit. Dass wir zum Anpfiff nicht da gewesen waren, hatten auch die Spieler bemerkt. „Wo wart ihr denn?", fragten sie nach der Partie am Spielfeldrand. „Fragt nicht!" Aber klar, so etwas registrieren die Spieler, wenn bei einem Kontingent von damals 100 Karten für die Gäste-Fans plötzlich 50 Mann fehlen.

Auf dem Rückweg überlegte sich unser Geschäftsführer Piet sehr pragmatisch eine Wiedergutmachung für die Fans. „Wir spendieren Bier für die Rückfahrt", entschied er. Und so fuhren wir allen Ernstes mit unserem Schulbus, der uns die 360 Kilometer zurück nach Hamburg bugsierte, auf den Parkplatz eines örtlichen Getränkemarkts. Piet zog an der Kasse die Kreditkarte durch, wir luden hinten die Kisten in den Bus.

Und so wurde aus der üblichen Fan-Fahrt am Ende so etwas wie eine Klassenfahrt. Uns allen taten danach tierisch die Knochen weh, aber wir hatten unseren Spaß gehabt. Und gewonnen hatten „wir" in Melsungen übrigens auch.

Aus tiefstem Herzen

Ob ich irgendwann die 5.000 Spiele vollmache, weiß ich nicht. Was ich aber weiß: Mit jedem weiteren Spiel, bei dem ich als Fan dabei bin, werde ich mindestens eine weitere Anekdote erleben. Und genau darauf freue ich mich. Und zwar aus tiefstem Herzen und mit voller Leidenschaft – für den Handball und besonders für den Handball Sport Verein Hamburg.

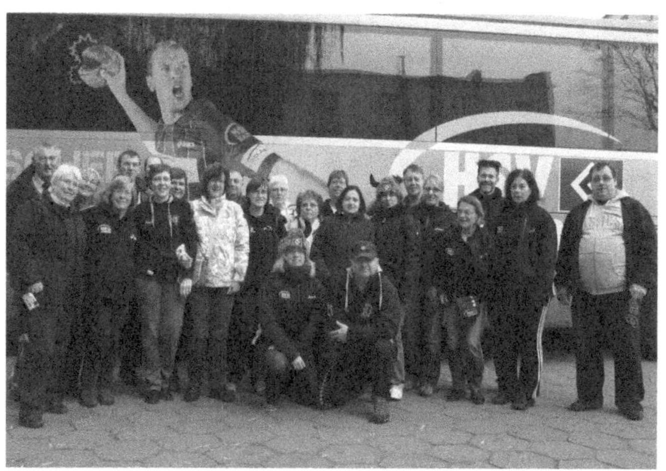

Edelfan Luchti (r.) vor dem Hamburger Fanbus.

PAUL DRUX

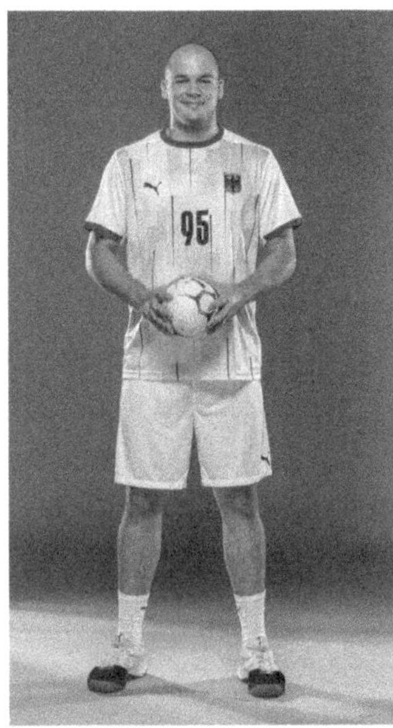

Name: *Paul Drux*
Spitzname: *Paulchen*
Position: *Rückraum links*
Geboren am: *7. Februar 1995*
Geboren in: *Gummersbach*
Größter Erfolg: *Bronzemedaille Olympische Spiele 2016 in Rio, EHF-European-League-Sieger 2023 mit den Füchsen Berlin*
Handball ist für mich: *Unglaublich schnell, extrem fair und ein absoluter Familiensport. Deswegen habe ich Bock auf Handball!*

EIN VEILCHEN IN BRONZE

Ich lief um mein Leben, saß in der Box vom Djoker und hatte live im ZDF einen Lachflash. Unser TV-Auftritt bei den Olympischen Spielen 2016 war legendär. Aber in Rio ist noch so viel mehr passiert.

Da saß ich also, live im ZDF-Olympia-Studio. Hendrik Pekeler, links von mir auf dem Sofa, war soeben mit einer Sackkarre von Silvio Heinevetter ins Bild gefahren worden. Live! Unsere gesamte und schon schwer angeschlagene Mannschaft versuchte – gefangen in einer Mischung aus maximalem Lachflash und maximalem Schamgefühl – irgendwie, die Fassung zu bewahren. Sogar Moderatorenlegende Rudi Cerne, der ganz sicher schon einiges in seiner langen Reporterkarriere erlebt hatte, wusste nicht recht, wie ihm geschah. Ich selbst hatte mich noch vergleichsweise gut im Griff. Aber als dann Peke seinen Kopf kichernd in meine Schulter bohrte und hinter mir Tobias Reichmann seine Sprachkarte vollständig abgab, brachen auch bei mir alle Dämme. „Wir sind hier auch mit Ambi-, Ambi-, Ambinationen hinge- … Ambitionen hingereist." Ich konnte einfach nicht mehr und lachte Tränen. Man konnte Tobi keinen Vorwurf machen, Rudi Cerne hätte jeden von uns mit dem Mikro verhaften können. Wir hatten alle ordentlich getankt. Aber hey – zwischen unserem Gewinn der Bronzemedaille und dem mittlerweile legendären

ZDF-Liveauftritt lagen schließlich gut fünf Stunden Zeit und fünf Stunden Bier.

Die Medien freuten sich riesig über unseren „Lall-Auftritt“ und griffen die Geschichte natürlich sofort auf. Uns als Team brachte die Nummer ein paar Sympathiepunkte extra. Die Leute vor dem Fernseher sahen in dem Moment ganz ungeschminkt, dass wir Handballer eben auch nur normale Menschen sind. Und so sehr diese Story in Erinnerung bleiben wird – es war nur die sichtbare Spitze des Eisbergs. Und nur eine von vielen Anekdoten, die die Olympischen Spiele 2016 in Rio de Janeiro für mich bereithielten.

Meine Nominierung für den Olympiakader kam für mich super überraschend. Ich war gerade mal 21 Jahre alt und hatte mit der WM in Katar erst ein Jahr zuvor ein großes Turnier mit der Nationalmannschaft gespielt. Und plötzlich stand ich im Kader für Rio – das war schon krass. Zumal ich in der Vorbereitung nicht immer alle Erwartungen unseres Bundestrainers Dagur Sigurðsson erfüllte.

„Was macht ihr da überhaupt?!“

Es war der letzte Tag unseres Trainingslagers in den Bergen. Mittags sollten wir abreisen, am Vormittag stand noch eine abschließende Laufeinheit auf dem Programm. Die Ansage von Dagur war: „Männer, jeder in seinem Tempo bitte. 30 Minuten.“

Ich lief mit meinem Mannschaftskollegen aus Berlin, Fabian Wiede, zusammen. Wir verausgabten uns jetzt nicht unbedingt – aber es hieß ja auch „jeder in seinem Tempo". Nach 15 Minuten drehten wir um. Demnach müssten wir ja nach 30 Minuten wieder zurück sein. Kurz vor dem Ziel war auch noch Finn Lemke bei uns und Dagur selbst lief ebenfalls wenig später ins Ziel. Hatten wir doch gut gemacht. Hatten wir doch, oder? Das sah Dagur ganz und gar nicht so. Mit ernster Miene hielt er Fabi und mir eine Standpauke: „Was macht ihr da überhaupt – ganz im Ernst?! Als jüngste Spieler so lasch ins Ziel einzutraben!"

Im Anschluss an das Trainingslager gab es eine Laufgruppe. Wir loggten uns alle in die App Runtastic ein, damit Dagur unsere Laufeinheiten aus der Ferne verfolgen und sehen konnte, ob wir auch unsere Hausaufgaben machten. Was soll ich sagen? Ich bin um mein Leben gelaufen in den Wochen nach diesem Anschiss. Ich glaube, ich bin seitdem nie mehr so viel gelaufen. In der Runtastic-Tabelle war ich weit oben – und das als Rückraumspieler. Ich hatte meine Lektion gelernt. Und wurde mit einem Olympia-Ticket belohnt.

Auf dem Olymp

Rio selbst war dann die komplette Reizüberflutung für uns. Zumindest für mich als junger Spieler, vermutlich aber auch für viele meiner gestandenen Mitspieler. So ein olympisches Turnier mitsamt dem Zusammenleben im Olympischen Dorf ist noch mal eine andere Dimension als eine Europa- oder eine Weltmeisterschaft. Es ist zu Recht der Traum eines jeden Profisportlers – und wir hatten ihn uns 2016 erfüllen dürfen. Es war aufregend, es war überwältigend, es war einfach eine unglaublich tolle Erfahrung.

Das deutsche Haus war irre groß, bestimmt 15 Stockwerke hoch. Wir deutschen Athleten wohnten alle unter einem Dach. Ich hatte mein Doppelzimmer mit Fabian Wiede. Drei Zimmer hatten immer ein Gemeinschaftszimmer noch zusätzlich, in dem wir dann auch die ganzen Wettkämpfe am Fernseher verfolgen konnten.

Ich habe mich anfangs überhaupt nicht getraut, die anderen Athleten anzusprechen. Ich war noch so jung und, was das angeht, eher schüchtern. Klar, ich war auch einer der Topsportler, die es zu den Olympischen Spielen geschafft hatten. Aber trotzdem: Es gibt von diesen besten ein Prozent, die da hinkommen, noch mal die besten ein Prozent, die auf einem ganz anderen Level sind. Ein Roger Federer, ein Usain Bolt, die US-Basketballer – das sind dann die absoluten Megastars, die selbst auf uns Profis eine magische Anziehungskraft ausüben.

Eine Sportlerin kam aber auf mich zu und sprach mich völlig überraschend an. Es war die Badminton-Spielerin Carla Nyenhuis, die damals noch Carla Nelte hieß. „Hey Paul. Ich bin übrigens eine gute Freundin deiner Frau!" Da brauchte es also echt erst Olympia, damit Carla und ich uns kennenlernten. Mittlerweile haben wir mit unseren

Familien schon zwei gemeinsame Urlaube verbracht. Sport verbindet eben wirklich.

Selfie mit Carmelo Anthony

Etwas weniger Glück hatte auf eine gewisse Art und Weise mein Zimmergenosse Fabi. Er ist immer schon ein riesiger Basketballfan gewesen und wollte unbedingt das US-Dreamteam sehen. Eines Tages fragten Steffen Fäth, der für den verletzten Christian Dissinger ins Team gerückt war, und ich Fabi: „Kommst Du mit in die Mensa, bisschen was essen?" Aber Fabi winkte ab. Und damit verpasste er nicht nur das Essen – er verpasste auch die US-Basketballer, die genau in dem Moment in der Mensa essen waren. Fabi war entsprechend bedient, als wir ihm kurz darauf von unserer Begegnung berichteten und ich ihm ein Foto mit Lakers-Star Carmelo Anthony zeigte.

Das Essen war ohnehin ein Thema. In diesem riesigen Mensabereich gab es alles. Wirklich alles. Anfangs gingen wir gerne zu den brasilianischen Ständen und probierten das *local food*. Hähnchen, kräftig gewürzt und auf offener Flamme gegrillt. Richtig gut. Aber nach einer Woche gab es kaum einen bei uns im Team – und wie wir beobachteten: auch in den anderen Teams und Sportarten –, der nicht nach dem Wettkampf mal einen Jeeper auf einen schönen fetten Burger hatte. Die Schlange vor dem Fastfood-Laden war auf jeden Fall immer ziemlich lang …

Mit Boris Becker im Rücken

Nach unseren Spielen kam meist einer von den Verantwortlichen zu uns und fragte, ob wir Karten für andere Wettkämpfe haben wollten. In der Regel war es Bob Hanning. An einem Tag hatte er Tickets für die Tenniswettbewerbe dabei. Fabian, Patrick Wiencek und ich haben sofort zugegriffen. Vor allem ich selbst bin ein großer Tennisfan und freute mich riesig, das mal live bei Olympia sehen zu können.

Wir drei sind also zu den Tennisplätzen marschiert. Wir liefen bei den Nebenplätzen herum und sahen auf einem der Courts, wie Angelique Kerber und Andrea Petković im deutschen Damen-Doppel spielten. Die beiden verloren leider – aber wir gewannen, und zwar einen ganz besonderen Einblick. Am Rande des Matches sprachen wir mit ihrem Trainer, der uns anschließend kurzerhand in die Katakomben mitnahm. Wir gingen durch den Eingang für die Spieler, vorbei an den Umkleiden und vorbei an den Topspielern der Tour. Plötzlich befanden wir uns direkt auf der Mitteltribüne des Center Court. Unglaublich. Es war alles voll, natürlich. Wir sollten uns einfach auf drei freie Plätze setzen. Taten wir. Es waren überragende Plätze, eine topp Sicht und ein fantastisches Match zwischen Novak Đjoković und Juan Martín del Potro. Irgendwann merkten wir, dass Boris Becker direkt hinter uns saß. Boris Becker! Und da kapierten wir erst, dass wir mitten in der Box vom Djoker saßen und das Spiel von dort aus sehen durften. Wahnsinn.

Bei so vielen Geschichten, die sich nebenbei abspielten, könnte der Eindruck aufkommen, wir waren nur zum Vergnügen in Rio. Aber wir hatten natürlich auch selbst ein Turnier zu spielen. Und da wollten wir so weit wie nur irgend möglich kommen, schließlich hatten wir ein richtig gutes Team mit einer sehr gesunden Mischung aus jungen Wilden wie mir und älteren, erfahreneren Spielern.

Nie ohne mein Trikot

Zum Auftakt schlugen wir in der Future Arena in Rio die Schweden mit 32:29. Ich hatte – wie immer seit vielen Jahren, unabhängig davon, ob ich in der ersten Sieben stehe – mein Trikot schon vor dem Anpfiff an. Das hat einen ganz bestimmten Grund. Ich war in meinem ersten B-Jugend-Jahr, glaube ich. Auf jeden Fall durfte ich in der A-Jugend mitspielen. Nicht in irgendeinem Spiel, nein. Es war ein Derby. Mit meinem Jugendverein VfL Gummersbach auswärts beim TSV Bayer Dormagen. Volle Halle, hitzige Atmosphäre, Derby eben. Und mitten im Spiel rief mir mein damaliger Trainer Leszek Hoft plötzlich zu: „Paul! Du musst jetzt spielen, los!“ Ich marschierte einfach aufs Feld – ohne Trikot. Die Folge: zwei Minuten, Gelächter beim Gegner – und mir war es super peinlich. Seit diesem Patzer trage ich, sobald Anpfiff ist, immer ein Trikot. Immer. Keinen Pulli, kein Warmmach-Shirt, nein – immer das richtige Trikot. Das sollte und soll mir nie wieder passieren.

Im zweiten Spiel mussten wir gegen die Polen ran. Wieder gewannen wir, wieder 32:29. Eigentlich auch schon verrückt, zweimal mit dem exakt gleichen Ergebnis zu gewinnen. Dann kam Spiel Nummer drei gegen den Gastgeber Brasilien. Die Stimmung vor den heimischen Fans war gigantisch. Und die Brasilianer ließen sich von der Euphorie anstecken und schlugen uns mit drei Toren. Verdient, ja – aber für uns war das ein herber Dämpfer. Doch wir zeigten Charakter und machten mit dem dritten Sieg im vierten Spiel gegen Slowenien den Viertelfinal-Einzug klar. Das Spiel war allen Ernstes um 9.30 Uhr angesetzt worden. Wie in der Kreisliga sonntagmorgens. Nur dass wir um olympische Medaillen spielten. So trafen wir uns entsprechend um 5 Uhr morgens in der Halle zum Anschwitzen … Die Slowenen waren nicht so früh in der Halle – vielleicht war das ein Teilaspekt, wieso wir das Spiel gewannen. Das abschließende Gruppenspiel gegen Ägypten und auch das Viertelfinale gegen Katar gewannen wir ebenfalls, beide Spiele recht deutlich.

Endstation: Frankreich

Dann kam das Halbfinale. Dann kam Frankreich. Dann war Endstation. Zwar holten wir mit toller Moral einen Sieben-Tore-Rückstand auf und kamen sogar durch Tobi Reichmann 58 Sekunden vor dem Ende zum 28:28-Ausgleich – aber dann machte Daniel Narcisse unsere Goldträume zunichte.

Zwei Sekunden vor dem Abpfiff netzte er ein. Sein Tor habe ich heute noch vor Augen. Das war extrem bitter: mit einem Tor verloren, raus im Halbfinale.

Uns blieb das Spiel um Platz drei. Was bei anderen Turnieren vielleicht nicht immer geeignet ist, um sich noch mal voll zu fokussieren, ist bei den Olympischen Spielen etwas völlig anderes. Schließlich geht es da im „kleinen Finale" um eine Medaille. Um Bronze. Und wir wollten unbedingt Bronze holen und uns und unsere Fans zum Abschied aus Rio mit Platz drei belohnen.

Das Spiel war wieder sehr früh angesetzt. Das war an sich nicht schlimm, für den weiteren Verlauf der Geschichte aber durchaus von Bedeutung. Es ging gegen Polen, kein angenehmer Gegner. Wir zogen unser Spiel durch und gewannen am Ende deutlich mit 31:25. Der Abpfiff gegen 12 Uhr war für uns dann gleichzeitig der Anpfiff zu einer ausgelassenen Olympiafeier. Nach 14 Tagen in Rio, nach acht anstrengenden Spielen, nach dem Tiefpunkt gegen Frankreich und der Bronzemedaille als Höhepunkt war jetzt Party Time. Durch den frühen Anwurf hatten wir nicht sonderlich viel gegessen und getrunken. Das mit dem Trinken änderte sich recht schnell …

Kabinen-Party

Wir blieben alle in der Kabine und schauten am Fernseher noch das Finale zwischen den Franzosen und den Dänen, die sich letztlich die Goldmedaille holten. In unserer Kabine war eiskaltes Bier für uns bereitgestellt. Also ließen wir es uns gutgehen und feierten die zwei Stunden bis zum Finale – und die eineinhalb Stunden, die das Finale dauerte. Wir feierten die Bronzemedaille, wir feierten Olympia, wir feierten uns. Dass wir gegen 17 Uhr einen Auftritt im ZDF hatten, wussten wir – was will man machen?

Im Medienzentrum angekommen, wurden wir in die zweite Etage gebracht, wo wir in einem Raum auf unseren Live-Auftritt warteten. Wir machten dort damit weiter, womit wir in der Kabine angefangen hatten: Party. In den Räumen drumherum waren neben dem ZDF auch andere, ausländische TV-Sender mit ihren Studios vertreten. Und offenbar hatten wir es mit unserer Lautstärke in deren Programme geschafft – zumindest kamen nach und nach immer mehr Leute aus den Studios und versuchten, uns etwas ruhiger zu stimmen. Ohne Erfolg. Wir waren einfach voll im Feiermodus. Einen letzten Anlauf unternahm Bob Hanning dann mit einem maximalen Spagat aus eigener Partylaune und Verständnis für unsere Lage auf der einen, aber auch Verantwortungsgefühl gegenüber den TV-Sendern in seiner Funktion als DHB-Vize auf der anderen Seite. „Ihr seid zu laut!“ Waren wir. Ja. Und als dann auch noch unser Coach Dagur Sigurðsson – ebenfalls gut angeheitert – die Treppe hochkam und ein mächtiges „Scha-la-la-laaaa!“ anstimmte, war natürlich alles vorbei. Diese Stimmung konnte einfach niemand mehr einfangen.

Irgendwann hatte das ZDF vermutlich ein Einsehen. Vielleicht war es auch einfach endlich 17 Uhr, ich weiß es nicht mehr. Auf jeden Fall wurden wir ins Studio geholt. Live. Laut. Und mindestens leicht angeschickert. Ich konnte mich, wie gesagt, noch einigermaßen zusammenreißen. Einige andere standen da aber schon nicht mehr so senkrecht. Den Rest der Geschichte hat vermutlich jeder Handballfan in Deutschland live – oder in irgendeinem Video im Nachgang – gesehen.

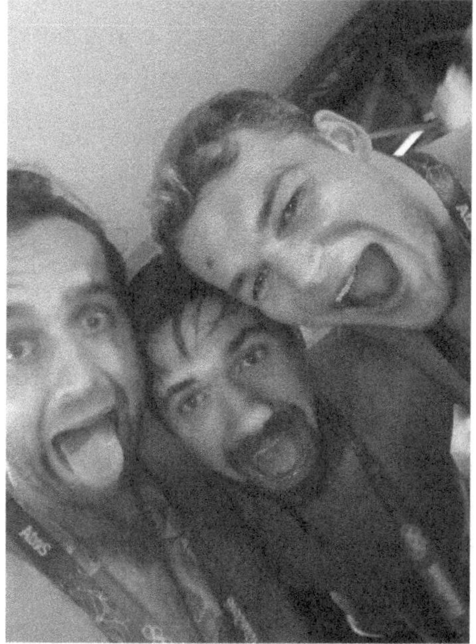

Paul Drux (r.) feiert inklusive Cut am Auge die Bronzemedaille mit Silvio Heinevetter (l.) und Fabian Wiede.

Die Getränkeversorgung war gesichert

Was aber keiner gesehen hat, war der weitere Verlauf unserer Party. Es war ja schließlich erst 17 Uhr – auch wenn das vielleicht im Fernsehen nicht so aussah. Nach unserem fulminanten TV-Auftritt zogen wir weiter ins deutsche Haus. Eigentlich war das zwar schon zu, weil die Handballfinals am letzten Wettkampftag stattfanden. Aber wir durften noch mal hinein. Es gab etwas zu essen, was sicher nicht ganz unwichtig war. Die Getränkeversorgung stimmte auch nach wie vor. Wir feierten einfach weiter. Und fuhren irgendwann mit dem Taxi zurück in unsere Unterkunft, in der es im Erdgeschoss ebenfalls eine Party gab. Das wurde mir zumindest am nächsten Morgen berichtet.

Ebenfalls am nächsten Morgen konnte Fabi Wiede nicht fassen, wie ich aussah: „Paul, was hast Du denn gemacht?! Dein ganzes Kopfkissen ist blutverschmiert!" Ja … was hatte ich denn gemacht? Gute Frage. Ein Blick in die Fotos auf meinem Handy gab erste Hinweise: Ganz offensichtlich hatte ich mir selbst einen Cut mit der Bronzemedaille verpasst, die seit der Siegerehrung um meinen Hals hing. Die wiegt übrigens stolze 500 Gramm und ist während unserer Party nicht nur einmal gegen meine Stirn getanzt. Die Folge: ein richtig schönes Veilchen als Andenken.

Noch schlimmer als mein Cut war jedoch die Tatsache, dass am selben Tag unser Rückflug anstand. Das war wirklich extrem hart. 13 Stunden von Rio nach Frankfurt. Die

Hölle auf Erden so hoch über den Wolken – zumindest, wenn man neben der Bronzemedaille auch noch einen Kater mit im Gepäck hat. Wir saßen in unangenehm engen Viererreihen, alles roch trotz morgendlicher Dusche irgendwie nach Party, Bier und Schnaps. Ich glaube, ich war nie glücklicher, aus einem Flugzeug auszusteigen, als nach diesem 13-Stunden-Trip.

Ankommen, ausruhen, abschalten

Nach der Landung in Frankfurt war noch lange nicht Schluss. Es ging direkt weiter zum Römer, wo wir begrüßt und geehrt wurden. Das war auch eine richtig schöne Nummer – wenn wir nicht so gerädert gewesen wären. Für mich und ein paar andere ging es dann weiter nach Berlin, wo wir noch mal von Freunden und Familie herzlich empfangen wurden.

Als ich nach weit über 20 Stunden mit meiner Frau Linda im Auto vom Flughafen nach Hause fuhr, ging nichts mehr. Zusammen auf die Couch, ausruhen, abschalten. Das heißt: Doch, ich habe mir noch einmal unseren TV-Auftritt angeschaut, auf den uns natürlich schon alle angesprochen hatten. Und ich muss sagen, wir haben uns ganz ehrlich gut geschlagen. Dafür, wie überragend wir unsere Bronzemedaille gefeiert hatten. Die Bronzemedaille, die mir das schönste Veilchen meiner Handballkarriere beschert hat.

CHRISTIAN ZEITZ

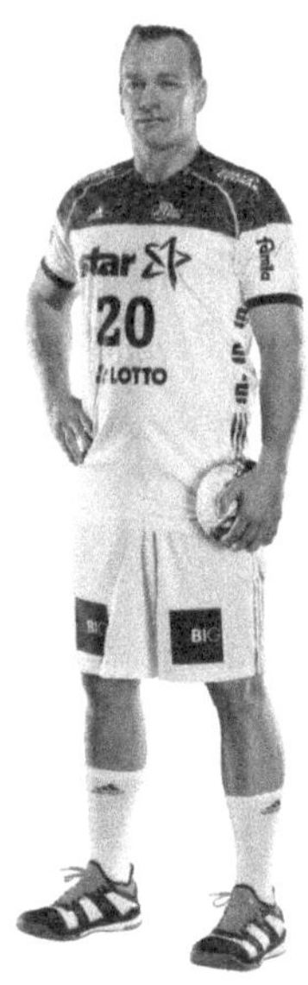

© Sascha Klahn

Name: *Christian Zeitz*
Spitzname: *Zeitzi*
Position: *Rückraum-Rechts*
Geboren am: *18. November 1980*
Geboren in: *Heidelberg*
Größter Erfolg: *Weltmeister 2007 mit der Nationalmannschaft*
Handball ist für mich: *Immer mein Leben gewesen. Beim Handball lernt man was fürs Leben: Zusammenhalt, Respekt, Fairness. Deswegen habe ich Bock auf Handball!*

TEURE PASS-PROBLEME

Beim Handball hat sich nie jemand über meinen Pass beschwert – am Flughafen schon: Wie unsere Champions-League-Reise nach Tschechow zum teuersten Trip meiner Karriere wurde.

Ich hätte mir an diesem schönen Spätsommertag schönere Dinge vorstellen können, als meinen neuen Reisepass im Rathaus von Oftersheim abzuholen. Zwar musste ich nicht lange warten, meine Sachbearbeiterin war überaus freundlich, und auch sonst klappte alles, aber ein Spaziergang in der Sonne oder ein Eis mit meiner Frau wären sicher netter gewesen. Wieso ich trotzdem fröhlich nach Hause ging? Weil ich in meiner Jacke meinen entwerteten alten Reisepass trug, und mit dem verbinde ich eine richtig verrückte Geschichte. Die Geschichte meiner teuersten Auswärtsreise als Profihandballer.

Es war die Saison 2012/13. Wir hatten mit dem THW Kiel die Gruppenphase der Champions League erfolgreich absolviert und standen im Achtelfinale. Dort mussten wir zum Hinspiel beim russischen Serienmeister Medwedi Tschechow antreten. Beim DHB-Pokal und auch im Meisterschaftsrennen waren wir ebenfalls noch dabei, sprich: Wir hatten ein straffes Programm und jetzt mit Tschechow den schwersten aller möglichen Gegner gezogen. Im Prinzip spielte man gegen die russische Nationalmannschaft, wenn man damals gegen Tschechow spielte.

Reisepass, Visum, ab zum Flughafen

Auswärtsfahrten zu Bundesligaspielen waren einfach. Tasche packen, ab in den Bus – Abfahrt. Beim Europapokal und in der Champions League war das anders. Die Anreisewege waren weiter, oft mussten wir fliegen, und dabei waren die Einreisebestimmungen in den unterschiedlichen Ländern zu berücksichtigen. Für die Reise nach Tschechow brauchten wir sogar ein Visum. Dafür gaben wir vier Wochen vorher in der Geschäftsstelle unseren Reisepass ab. Dort wurden die Visa für uns alle beantragt und in die Pässe gelegt – auf dem Weg zum Flughafen bekamen wir die Papiere dann zurück. Das hatte bislang immer reibungslos funktioniert.

Der 13. März 2013 war ein Mittwoch. Früh morgens fuhren wir mit unserem Bus in Richtung Flughafen. Wie üblich gab es auf der Fahrt Frühstück. Das hatten wir gut organisiert, innerhalb der Mannschaft hatte jeder seine Wartaufgabe. Einer war für die Brötchen zuständig, einer für den Belag, einer für den Kaffee und so weiter. Am Terminal angekommen, nahmen wir unser Gepäck und gingen durch die Sicherheitskontrolle. Noch kurz die Bordkarten holen, Check-in, dann am Gate auf den Flieger warten. Ein über die vielen Jahre zur Routine gewordener Ablauf zum Auftakt einer Auswärtsreise.

„Sie können leider nicht mitfliegen!“

Wenig später war es so weit, der Flieger stand bereit. Letzte Passkontrolle beim Boarding, dann waren wir drin – bis auf meine Wenigkeit. Die Lufthansa-Mitarbeiterin, die meinen Reisepass kontrollierte, ließ mich nicht einsteigen. „Mit dem Reisepass können Sie nicht mitfliegen!“ Wie bitte? Gut, die Klebebindung nicht mehr die beste – aber ich hatte den Pass extra in ein Mäppchen gesteckt. Und vor allem überhaupt nicht damit gerechnet, dass das ein Problem werden könnte. Wurde es aber. Der Lufthansa war das Risiko zu groß, dass mich die Russen nach der Landung mit dem etwas abgenutzten Pass nicht einreisen lassen würden. Unser Manager Klaus Elwardt und unser Trainer Alfreð Gíslason schalteten sich zwar sofort in die Diskussion ein – aber es blieb dabei: Ich durfte nicht mitfliegen.

Da saß ich nun. Alleine. Die Maschine hob ab Richtung Moskau, die gesamte Mannschaft war an Bord, nur ich nicht. Ich wartete auf den Rückruf aus unserer Geschäftsstelle, wo eifrig an einer Lösung gearbeitet wurde. Während ich da am Flughafen saß und wartete, wie es weitergehen sollte, gingen mir die verschiedensten Fragen durch den Kopf. Lasse ich gerade meine Mannschaft im Stich? Bin ich es, der etwas falsch gemacht hat? Was passiert jetzt? Kann ich hinterherfliegen? Muss ich zu Hause bleiben? Verpasse ich etwa unser Spiel?

„Die stellen keine Fragen …“

Eine gute Stunde später kam der erlösende Anruf von der Geschäftsstelle. „Christian, wir haben dich umgebucht. Du fliegst jetzt mit einer russischen Fluggesellschaft – die stellen keine Fragen.“ Das klang doch vielversprechend. Wie auch die Tatsache, dass mich am Flughafen in Moskau der im Sporministerium tätige Andrei Lawrow, früher ein hervorragender Handballtorwart, abholen sollte.

Noch einmal warten, bis der neue Flieger zum Einsteigen bereit war – dann ging es auch für mich los. Es wurden tatsächlich keine Fragen gestellt, der Pass schien absolut ausreichend zu sein. Komplett anderer Standard, nur Russen an Bord, und ich mittendrin. Ich verstand kein Wort. Egal, dachte ich mir, ich will ja nur zu meiner Mannschaft und Handball spielen. Wird schon werden. Der Flug verlief gut, keine Turbulenzen, butterweiche Landung. Die Russen um mich herum standen auf und nahmen ihr Handgepäck aus den Gepäckboxen. Bis eine Durchsage auf Russisch ertönte. Natürlich verstand ich diese nicht, registrierte aber, dass sich alle wieder hinsetzten. Was war denn jetzt wieder? Dann kam eine Durchsage auf Englisch und die verstand ich: Passagier Christian Zeitz soll bitte sofort aufstehen und das Flugzeug verlassen.

Zweieinhalb Stunden im Lada

Genau das tat ich. Ich schnappte mir mein Handgepäck und stieg aus der Maschine. Dort erwartete mich tatsächlich auch schon Andrei Lawrow, der mich direkt vom Rollfeld durch den Flughafen bis zu einem bereitstehenden Wagen lotste, ohne dass ich auch nur eine einzige Kontrolle zu passieren hatte. „Christian, gib dem Fahrer 200 Euro – er bringt dich in euer Hotel!" Genau das tat ich.

Die Fahrt dauerte etwa zweieinhalb Stunden. Wir sprachen kaum ein Wort. Der Fahrer konnte weder Deutsch und noch Englisch, ich konnte kein Russisch. Was will man machen. Mein Flieger war im Gegensatz zur Lufthansamaschine nicht am Flughafen Scheremetjewo gelandet, sondern am Flughafen Domodedowo, deswegen brauchten wir ewig, um in das rund 50 Kilometer außerhalb liegende Spielerhotel zu kommen. War das eine Fahrt in diesem Lada über die holprigen Straßen Moskaus!

Als ich endlich im Hotel ankam, war es schon lange dunkel. 22:30 Uhr. Training verpasst, Videoanalyse verpasst, Abendessen verpasst. Aber die Jungs freuten sich sehr, mich zu sehen. Genauer gesagt: mich so spät zu sehen. Ganz genau gesagt: *Zu* spät zu sehen. „Der Christian muss für alles bezahlen!", war einer der ersten Sätze, die ich anstelle einer Mahlzeit zur Begrüßung serviert bekam. Aber klar: Da ich nie zu spät, ja sogar immer sehr pünktlich war, war ich in den Augen unseres Kassenwarts Dominik Klein heute umso fälliger. Ich hatte das Training verpasst. Ich hatte die Videoanalyse verpasst. Und ich hatte das Abendessen verpasst. Drei Termine. Bei uns kostete die erste Minute Verspätung 50 Euro, jede weitere 25. Aber seit unser isländischer Mittelmann Aron Pálmarsson an einem Tag zweimal zu spät gekommen war und irre viel Geld bezahlen musste, war jede einzelne Verspätung auf maximal 500 Euro gedeckelt. Das hieß für mich: Dreimal 500 gleich 1500 Euro in die Mannschaftskasse. Plus Taxi – machte 1700 Euro. Wie teuer kann eine einzige Auswärtsreise bitte sein? Immerhin, die 1500 Euro für die Mannschaftskasse kamen mir in Teilen selbst wieder zugute: ein paar Monate später, rund 4000 Kilometer weiter südwestlich, auf einer unter uns Handballern allseits bekannten und beliebten Baleareninsel.

Neuer Pass, alte Erinnerungen

Das Spiel in Tschechow verloren wir 35:37, setzten uns aber im Rückspiel zu Hause in der Ostseehalle mit vier Toren Vorsprung durch. Auch das Viertelfinale gegen Veszprém entschieden wir noch für uns, beim Final Four war dann aber im Halbfinale gegen den HSV Hamburg für uns Endstation.

Heute, zehn Jahre später, halte ich mit alten Erinnerungen meinen neuen Reisepass in der Hand. Mal sehen, wie lange der hält. Und welche Geschichten ich damit erleben werde.

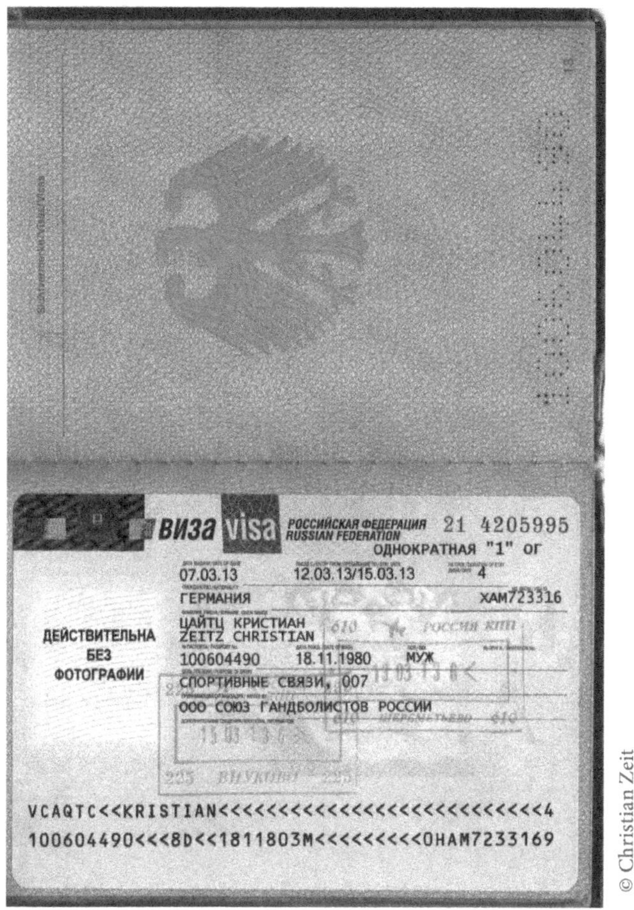

Das Visum war einwandfrei, nur den Reisepass beanstandeten die Mitarbeiter der Lufthansa.

ANJA ALTHAUS

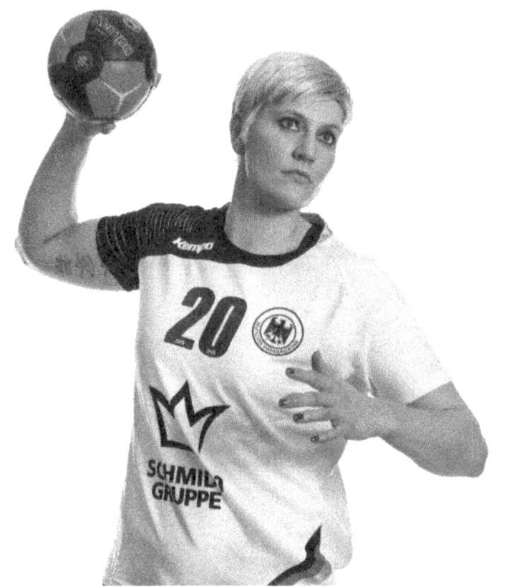

© Sascha Klahn

Name: *Anja Althaus*
Spitzname: *Oscar*
Position: *Kreis*
Geboren am: *3. September 1982*
Geboren in*: Magdeburg*
Größter Erfolg: *Champions-League-Sieg mit Viborg HK und Győri ETO KC*
Handball ist für mich: *Man gewinnt zusammen, man verliert zusammen. Handball ist Familie und Freundschaft, Spaß, Freude, Grenzen testen und überschreiten, Handball ist eine eigene Kultur, Handball ist mein Leben. Deswegen habe ich Bock auf Handball!*

BESSER ALS JEDER ORGASMUS

Manche Höhepunkte schenkt einem nur der Handball. Für mich war der schönste, mit Deutschland bei den Olympischen Spielen dabei gewesen zu sein.

Olympische Spiele 2008, Peking. Meine Zimmerkollegin und ich beziehen unser Doppelzimmer im Olympischen Dorf. Wie ist das Zimmer? Wer sind unsere Zimmernachbarn? Und vor allem: Wo sind die Kondome? Das war doch *die* Schlagzeile rund um Peking 2008, dass es angeblich wieder einen neuen Rekord an ausgegebenen Kondomen gab. Das war natürlich jetzt einer der Running Gags nicht nur bei uns im Team. Wir suchten die Schränke und Schubladen ab, nahmen buchstäblich das Zimmer auseinander. Wir schauten sogar in den Batteriefächern der Fernbedienung nach. Nichts. Nada. Fehlanzeige. Was für ein Lärm im Vorfeld um – nichts.

Apropos Vorfeld: Dass ich im August 2008 in China bei den Olympischen Spielen dabei sein würde, war alles andere als sicher. Unser Weg als Mannschaft war schon nicht einfach, das ist er aber nie für die Handballerinnen, weil eben so viele starke Teams aus Europa kommen und um die wenigen Olympiaplätze kämpfen. Mein persönlicher

Weg nach Peking war noch mal ein ganz spezieller: holprig, schmerzhaft und ungewiss.

Von den Miezen zum besten Club der Welt

Im Sommer 2007, ein Jahr vor den Olympischen Spielen, war ich von den Miezen aus Trier zum dänischen Topclub Viborg HK gewechselt, zum besten Verein der Welt. Ich kam als eine der besten Kreisläuferinnen der Bundesliga und hatte mit meinem nächsten Karriereschritt viel vor, wollte direkt wieder Vollgas geben. Doch dann kugelte ich mir in einem Testspiel die Schulter aus. Die Schulter! Katastrophe im Handball! Und das mit der Weltmeisterschaft vor der Brust und realistischen Chancen, sich für Peking zu qualifizieren.

Die Ärzte in Dänemark wollten mich direkt operieren. Ich sah das völlig anders, schließlich wäre ich dann mit Sicherheit ein halbes Jahr ausgefallen, was überhaupt keine Option war. So ertrug ich lieber erstmal weiter die Schmerzen, als mich direkt vor Ort unters Messer zu begeben. Stattdessen telefonierte ich mit unserem Bundestrainer Armin Emrich, der mit mir nach einer Alternative suchte. Zwei Tage telefonierten, recherchierten, überlegten wir. Die Lösung lag in Kiel: Wir beschlossen, dass ich im Kieler Mare Klinikum operiert werden sollte, da, wo sich auch die THW-Spieler regelmäßig wieder zusammenflicken lassen. Damit war ich einverstanden – auch wenn das bedeutete, noch zwei Tage mit ausgekugelter Schulter in meiner Wohnung in Dänemark zu hocken.

Die OP verlief gut und als positiven Nebeneffekt lernte ich ein paar der Kieler Spieler kennen: den damals ebenfalls verletzten Filip Jícha zum Beispiel, seine Familie, Leute aus seinem Team und überhaupt diesen historischen Verein THW Kiel. Beeindruckend.

Die ersten Reha-Tage in Kiel und auch die weitere Reha in Viborg verliefen nach Plan und nach ein paar Wochen war ich endlich wieder am Ball.

WM-Dritter – ohne einen einzigen Einsatz

Obwohl ich noch nicht wieder bei 100 Prozent war, nahm mich Armin zur Weltmeisterschaft nach Frankreich mit. Wir wurden Dritter, das war gut. Ich spielte keine einzige Minute und auch das war gut. Damals sah ich das allerdings völlig anders. Wir marschierten locker durch die Vorrunde in Nantes, schlugen die Ukraine, Südkorea und Paraguay. Ich fühlte mich gut genug und fit, aber Armin ließ mich nicht spielen. Ich dachte, er würde mich einwechseln in einem der Spiele – tat er aber nicht. Wie kann er nur?!, fragte ich mich. Ich war richtig sauer. Gleichzeit lernte ich mich in einer völlig neuen Rolle kennen. Ich war jetzt nicht die junge Spielerin, die im Tunnel war – ich war dieses Mal die Spielerin, die eben nicht spielte, dafür umso mehr für die anderen da war. Besonders für Anne Müller, die meine Position besetzte. Ich motivierte, tröstete, hatte immer ein offenes Ohr. Das ist extrem wichtig für den Team Spirit. Und im Nachhinein bin ich dankbar, auch diese Rolle und ihren Wert kennengelernt zu haben.

Trotzdem wollte ich natürlich spielen, erst recht in der Hauptrunde in Dijon und in der Finalrunde in Paris. Vor dem Viertelfinale gegen Angola sah es tatsächlich so aus, als würde ich meine Chance bekommen. Doch dann landete ich im Abschlusstraining so unglücklich, dass ich zu meiner fast verheilten Schulter noch einen dicken Knöchel dazubekam. Ich versuchte, das alles zu überspielen. „Geht schon, alles gut!" Schließlich wollte ich endlich wieder auf die Platte. Unser Physio musste ran. „Bind mir den Fuß irgendwie ab – ich will spielen!" Um das zu unterstreichen, gab ich selbst in der folgenden Joggingeinheit alles – obwohl mein Knöchel so stark pochte, dass ich dachte, mir fliegt das Tape vom Gelenk. Ich biss mich durch. Ich wollte mitspielen – aber ich durfte nicht. Armin blieb bei seiner Linie und verzichtete auf mich. Ich fand es höllenungerecht. Heute weiß ich: Es war genau richtig.

Dafür war ich im März 2008 richtig fit und bei Armin pünktlich zum Qualifikationsturnier in Leipzig wieder erste Wahl. Dort lösten wir dann unser Olympiaticket. Wir waren dabei. Ich war dabei. Ein überragendes Gefühl, zumal wir auch in der dänischen Liga mit Viborg in meinem ersten Jahr dort direkt den Titel holten.

Ab nach Malle

Da kamen doch die vier freien Tage, die ich nach der Saison hatte, gerade recht. Sommer, Saison vorbei – ab nach Malle! Ich flog kurzerhand für zwei Tage auf die Insel und schloss mich ein paar anderen Mädels, darunter Anna Loerper, an. Wir hatten eine überragende Zeit. So überragend, dass ich nach zwei Tagen feiern ohne Stimme, krank und wahnsinnig erledigt wieder nach Hause kam. So konnte ich meinen individuellen Vorbereitungsplan von der Nationalmannschaft nicht abarbeiten. Ging einfach nicht, Malle hat eben seinen Preis.

Die Quittung bekam ich wenig später auf unserem Vorbereitungs-Lehrgang mit der Nationalmannschaft in Brixen. Es war eine wunderschöne Kulisse: Sonne, die Berge, Italien wie aus dem Bilderbuch. Leider war ich – welch Überraschung nach meiner stark gekürzten Vorbereitung – so gar nicht fit und musste entsprechend Extrarunden drehen. Während der Rest also mit dem Bus rauf zu unserer Unterkunft fuhr, durfte ich die Berge mit dem Rad hochkraxeln. Mies. Dafür war ich pünktlich zu den Olympischen Spielen tatsächlich mega fit.

Ein Korb für Dirk

Der Flug nach China dauerte eine Ewigkeit. Wir schwebten über den Wolken, im wahrsten Sinne des Wortes – was war das für ein unbeschreibliches Gefühl! Wir hatten alle schon jede Menge Geschichten von den Olympischen Spielen gehört, vom Olympischen Dorf, von dieser ganz speziellen Atmosphäre. Das jetzt selbst erleben zu dürfen, noch dazu in China …

Bei der Ankunft war ich einfach nur überwältigt. Das Olympische Dorf war wie eine eigene kleine Stadt. Wahnsinn. Wir waren zusammen mit unseren Handballmännern und den Basketballern in einem Haus untergebracht. Inklusive Dirk Nowitzki. Was für ein toller Sportler. So erfolgreich und gleichzeitig einfach so unglaublich normal geblieben – richtig gut. Und eine irre Erfahrung, einen Ausnahmesportler wie ihn kennenzulernen.

Von anderen Turnieren eilte mir schon der Ruf voraus, immer mein Haarschneide-Besteck dabei zu haben. Als gelernte Friseurin hatte ich das Wichtigste auf unseren Fahrten mit an Bord. Das hatte sich offensichtlich schnell bis zu den Basketballern herumgesprochen. So kam irgendwann unsere Linksaußen Mandy Hering mit ein paar von den langen Jungs zu mir. „Schau mal, die wollen alle die Olympischen Ringe als Frisur haben." Gute Idee, dachte ich mir, mache ich. Für so Späße bin ich ja immer zu haben. Also färbte ich den Jungs die Ringe ins Haar. Plötzlich stand Dirk vor mir, der an genau dem Tag zum Fahnenträger für die Eröffnungsfeier bestimmt worden war. Dirk war der Einzige, bei dem ich mich geweigert habe. Ich wollte einfach nicht diejenige sein, die ihm, dem deutschen Fahnenträger bei den Olympischen Spielen, die Frisur versaut hat. Ich hatte echt zu viel Respekt, dass da irgendwas schiefgehen könnte.

Mit Dirk hatte ich trotzdem noch das eine oder andere Erlebnis. Es gab zum Beispiel diese WLAN-Ecken in unserem Haus. Ich saß auf einem der Sessel, wo der Empfang gut war, und war versunken in mein Handy, als es plötzlich dunkel wurde. Ich schaute auf und sah lauter riesige Männer: Es waren die US-Basketballer. „Where is Dirk?“ Ich erklärte ihnen den Weg – und zwar den längeren, um dann selbst eine Abkürzung zu nehmen und den prominenten Besuch bei den deutschen Basketballern anzukündigen. Als die US-Boys ankamen, stand ich schon mit Fotoapparat bereit, musste Dirk später aber fragen, wer das denn eigentlich alles war. „Du hast auf jeden Fall ein paar Millionen auf Deinen Bildern“, meinte er.

Plötzlich Fotomodel an der Chinesischen Mauer

Bevor es für uns sportlich mit dem Turnier losging, wäre es für mich fast schon wieder vorbei gewesen. Wir hatten ein Testspiel vor Ort gegen Angola, bei dem ich direkt ein richtig krasses Veilchen kassierte. Ich bekam ein Kinesio-Tape rund um mein blaues Auge geklebt. Das wiederum schien für die Chinesen äußerst spannend zu sein, denn auf unserem Ausflug zur Chinesischen Mauer war ich plötzlich die Foto-Attraktion. Vermutlich dachten die Chinesen, dass mein Kinesio-Tape irgendwie der neue heiße Scheiß aus Europa wäre.

Spielerisch war das Turnier eine absolute Grenzerfahrung. Leider eine negative, denn wir verloren nach dem gewonnenen Auftaktspiel gegen Brasilien und der klaren Niederlage gegen Südkorea alle drei weiteren Gruppenspiele mit nur einem Tor. Gegen Ungarn: 24:25. Gegen Schweden: 26:27. Und gegen Russland: 29:30. Letzter. Raus. Turnier beendet, abgesehen vom Spiel um Platz 11.

Das war eine extreme Enttäuschung. Ich habe richtig geheult nach unserem Ausscheiden. Natürlich. Denn jetzt waren wir wirklich einmal dabei gewesen – und dann verloren wir dreimal so knapp und alles war vorbei, jedenfalls aus sportlicher Sicht. Persönlich hatte ich noch eine weitere Woche dort.

Lost in Peking

Ich war immer noch mega geknickt, als ich mit einem deutschen Kanuten – ich glaube, es war Andreas Ihle, der später Gold holte – mit dem Taxi ins deutsche Haus fuhr. Das deutsche Haus war ein Hotel außerhalb des Olympischen Dorfs, ungefähr 20 Minuten entfernt. Wir saßen beide hinten im Wagen und plauderten. Ich klagte hauptsächlich über unser bitteres Vorrunden-Aus, er erzählte von seinen erfolgreichen Vorläufen auf dem Wasser.

Plötzlich fing der Taxifahrer an, wild zu telefonieren. Wir verstanden kein Wort, bemerkten aber, dass schon satte 40 Minuten vergangen waren und unser Fahrer ganz offensichtlich keinen Plan hatte, wo er hinfahren sollte. Wir waren *lost in Peking*. Dann ging auf einmal ein Lautsprecher in der Mittelkonsole an. Der Taxifahrer deutete energisch auf den Lautsprecher, aus dem uns eine laute Stimme begrüßte: „Hello? Hello?!" Wir sagten der Stimme aus dem Lautsprecher noch einmal unser Ziel, was den Fahrer nach kurzer Übersetzung zu einem harten U-Turn veranlasste.

Auf einer anderen Taxifahrt saßen der deutsche Rechtsaußen Florian Kehrmann und Dirk Nowitzki mit mir im Wagen. Dirk wurde sofort von den chinesischen Fans erkannt. Die sind komplett ausgerastet, sodass unser Taxifahrer schnell losfuhr. Das war schon ziemlich wild.

Wunderbare Betreuung

Eine ganz besondere Erfahrung machte ich mit den chinesischen Mitarbeiterinnen in unserem Haus. Zwei junge Chinesinnen waren uns zugeteilt, sie kamen überall hin mit und halfen uns, wo sie konnten. Sie gehörten irgendwann richtig dazu. Nach unserem Ausscheiden hatte ich mich in unserem Haus auf einem der Flure für einen Moment in den Gang gesetzt. Ich brauchte eine Zeit für mich, musste runterkommen und fing an zu weinen. Plötzlich merkte ich, wie sich unsere beiden chinesischen Betreuerinnen zu mir auf den Boden setzten. Erst trösteten sie mich, dann fingen sie selbst an zu weinen. Irgendwann weinten sie mehr als ich und sagten auf Englisch, wie traurig sie seien, dass wir ausgeschieden waren. Letztlich tröstete ich dann die beiden und erklärte, dass es ja trotz allem „nur“ ein Sport sei. Das war auf jeden Fall auch ein sehr bewegender Moment für mich, den ich immer in Erinnerung behalten werde.

Das war mein Peking 2008. Es waren sportliche Grenzerfahrungen, viele, viele kleine Anekdoten und natürlich ein riesiges Event. Und ich bin einfach unfassbar stolz, dabei gewesen sein zu dürfen.

Mein Mundwerk kennt manchmal kein Limit

Aber eine Anekdote habe ich doch noch – und die ist gar nicht schlüpfrig, auch wenn es sich damals so angehört hat. Es war wirklich vielmehr meinem losen Mundwerk geschuldet. Nach der Eröffnungsfeier kam ein deutscher Journalist zu mir und fragte, wie ich denn das Gefühl bei der Eröffnungsfeier beschreiben würde. Ganz ehrlich, ich bin so froh, dass es da noch kaum Social Media gab. Denn meine Antwort war super spontan, emotional und frei Schnauze: „Es war so geil – besser als jeder Orgasmus!“ Das Gesicht des Journalisten werde ich nie vergessen. Aber so war es eben. Die ganze Olympiazeit war einfach unfassbar geil und eine der schönsten Erfahrungen in meinem Leben. Eine, für die ich sehr, sehr dankbar bin.

Ach ja: Ich habe während der gesamten Zeit im Olympischen Dorf übrigens nicht ein einziges Kondom zu sehen bekommen. Unseren Spaß hatten wir trotzdem. Als Mannschaft, als Handballerinnen, als Teil von den Olympischen Spielen, als Teil von etwas ganz Besonderem.

DAVID SPÄTH

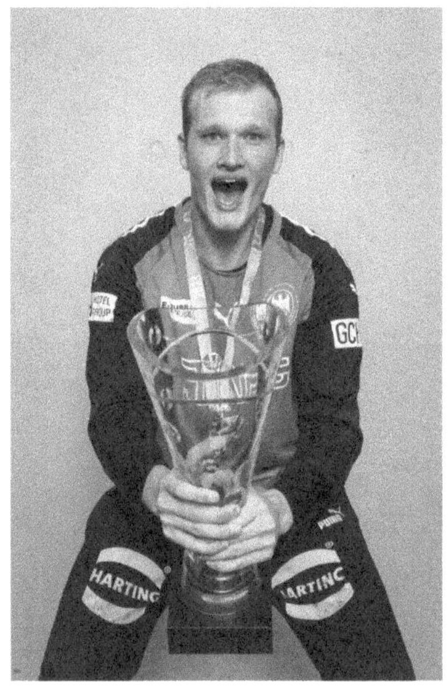

© Sascha Klahn

Name: *David Späth*
Spitzname: *Crabby*
Position: *Tor*
Geboren am: *29. April 2002*
Geboren in: *Kaiserslautern*
Größter Erfolg: *Weltmeister mit der U21-Nationalmannschaft*
Handball ist für mich: *Leidenschaft, Emotionen und Freude. Deswegen habe ich Bock auf Handball!*

BESSER SPÄTH ALS NIE

Knie, Pfosten, Kreuzbandriss: Meine Verletzung war für mich der Beginn einer schweren Zeit. Mein Comeback wurde dafür umso besser – mit dem WM-Titel als Höhepunkt.

360 Tage war es jetzt her. 360 verdammt lange und verdammt harte Tage, die ich nicht mehr im Tor gestanden hatte. Doch jetzt hatte meine Leidenszeit endlich ein Ende. Und es begann die vielleicht schönste Zeit in meiner noch jungen Karriere.

Rückblick: August 2021. Ich war ein junger, aufstrebender Torwart. 19 Jahre alt. Ich hatte meine erste Saison mit den Profis der Rhein-Neckar Löwen hinter mir und somit auch meine ersten Bundesliga-Einsätze absolviert. Seit 2018 war ich bei den Löwen, die erste Zeit als „Jung-Löwe", später bei den Profis. Mit der A-Jugend wurden wir 2019 Deutscher Vizemeister. Damit hatte wohl keiner gerechnet, als ich 2008 in meiner Heimatstadt Kaiserslautern mit sechs Jahren meine Karriere zwischen den Pfosten begann. Und damit, dass ich im August '21 mit der U19 Europameister werden würde, sowieso nicht. Aber so war es gekommen. Wir hatten eine richtig gute Truppe und gewannen das EM-Finale in der Varaždin Arena gegen Gastgeber Kroatien haushoch mit 34:20.

Auch im Verein hatte ich eine gute Zeit. Im März '21 bekam ich meinen ersten Profivertrag. Klar, ich hatte in der laufenden Saison schon einige Einsätze bei den Profis gehabt. Auch, weil Mikael Appelgren verletzungsbedingt länger ausgefallen war. Aber der erste Profivertrag war natürlich trotzdem etwas Besonderes für mich. Ich fühlte mich dadurch extrem wertgeschätzt und hatte mit Appelgren und Andreas Palicka zwei sehr starke Torhüter an meiner Seite, von denen ich mir natürlich sehr viel abschaute. Wir drei verstanden uns super. Und auch wenn ich zu der Zeit immer wieder in unserer Reserve bei Drittliga-Spielen eingesetzt wurde, war ich voll im Plan. In *meinem* Plan. Ich ging meinen Weg, trainierte hart und wurde immer besser. Mein Ziel für die darauffolgende Saison: mehr Bundesliga-Einsätze, mehr Spielzeit, noch mehr Erfolg. Dafür gab ich alles.

Die Hölle in Zweibrücken statt Hölle Nord

Dann kam der 14. November 2021. Ein Sonntag. Ein Tag, den ich mein Leben lang nicht vergessen werde. Unsere erste Mannschaft spielte an dem Wochenende in Flensburg. Aber statt in der berüchtigten Hölle Nord im Tor zu stehen, erlebte ich meine ganz persönliche Hölle in Zweibrücken. Denn ich war nicht im Kader der ersten Mannschaft, sondern spielte dritte Liga. Die erste Halbzeit saß ich nur auf der Bank. Auch im Drittliga-Kader hatten wir nun mal starke Keeper. Jeder bekam seinen

Spielanteil. Mein Einsatz kam in der zweiten Halbzeit. Es waren fünf Minuten in Durchgang zwei gespielt, wir hatten Unterzahl. Wir waren im Angriff, sechster Feldspieler rein, ich raus. Matthis Blum traf mit voller Wucht die Latte, der Tempo-Gegenstoß lief. Und ich sprintete wieder rein ins Feld Richtung Tor, um den langen Wurf noch abzufangen – und krachte mit voller Geschwindigkeit mit meinem linken Knie gegen den Pfosten. Mit 95 Kilo Körpergewicht schepperte ich mit der Sollbruchstelle Knie gegen das Aluminium. Es wurde mucksmäuschenstill in der Halle. Und ich dachte nur: Hoffentlich nicht das Kreuzband.

Ein paar Tage darauf und etliche Eisbehandlungen und Untersuchungen später erhielt ich von den Ärzten die Diagnose. Und die schmerzte noch mehr als der Zusammenstoß mit dem Pfosten: mein vorderes Kreuzband im linken Knie war durch. Kreuzbandriss – das hieß mindestens sechs Monate Pause. Ich war maximal traurig und enttäuscht, maximal gefrustet.

Normalerweise warten die Ärzte, bis die Schwellung abgeklungen ist, und operieren dann so schnell es geht. Keine Zeit verlieren, im Profisport sowieso nicht. Wir haben bei den Löwen ein Topteam aus Ärzten und Physios, dazu die Uniklinik Heidelberg in der Nähe, mit der der Verein bei Sportverletzungen eng zusammenarbeitet. Dementsprechend dachte ich nach dem ersten Schockmoment: Okay, das ist jetzt so. Da muss ich durch. Wird schon werden, wenn die OP erstmal hinter mir liegt. Doch bis es dazu kam, sollte es noch über zwei Monate dauern.

Erst Drüsenfieber, dann Thrombose

Pünktlich zum ersten Operationstermin fühlte ich mich erschöpft, bekam hohes Fieber und hatte starke Halsschmerzen. Drüsenfieber, so die Diagnose. Das hieß für mich: Antibiotika, Ruhe, auskurieren – und keine Knie-OP. Die Tage und Wochen verstrichen und ich wollte doch nur endlich diese OP hinter mich bringen, damit ich anschließend mit meiner Reha anfangen könnte. Zweiter Termin, zweiter Versuch – und wieder musste verschoben werden. Diesmal hatte sich eine Thrombose gebildet. Die Physios hatten schon bemerkt, dass mein Bein extrem blau und druckempfindlich war, und einen entsprechenden Verdacht geäußert, der sich leider bestätigen sollte. Ich musste also wieder warten, bis ich dann im Januar endlich in Heidelberg operiert werden konnte. Jetzt geht es bergauf – dachte ich.

Die Operation verlief gut, starke Schmerzen hatte ich nur direkt nach dem Eingriff. Und die ließen mit jedem Tag nach. Dafür ging meine Laune mit jedem Tag weiter in den Keller. Ich war richtig down, fühlte mich schlecht, fast schon depressiv. So sehr fehlte mir der Handball, der Sport, die Bewegung. Aber was sollte ich machen?

Im Prinzip hatte ich nur den Handball. Seit ein paar Jahren wohnte ich in Kronau. Erst im Sportinternat, später dann zusammen mit Thilo Maier, einem unserer Physiotherapeuten, in einer WG. Klar, hatte ich hier meine Handball-Kollegen. Aber meine Familie war in Kaiserslautern, in der Heimat. Autofahren konnte ich mit meinem Knie nicht. Und mit Krücken und Öffis dahin? Schwierig. Parallel zu meiner Handballkarriere plante ich ein Lehramtsstudium – doch mit der Verletzung … Ich wollte mich nur auf ein Thema konzentrieren – meine Genesung. Einhundert Prozent Fokus auf die Reha.

Mein Alltag bestand aus Physiotherapie, Aufbautraining, Kältebehandlungen und Kontrolluntersuchungen. Jeden Tag ging ich in unser Leistungszentrum in Kronau und spulte mein Programm ab. Ohne Ball, ohne im Tor zu stehen, ohne mit der Mannschaft zu trainieren. Es schmerzte. Nicht im Knie, sondern im Herzen. Ich litt emotional sehr. Anfangs vermied ich es sogar, einen Blick in die Trainingshalle zu werfen.

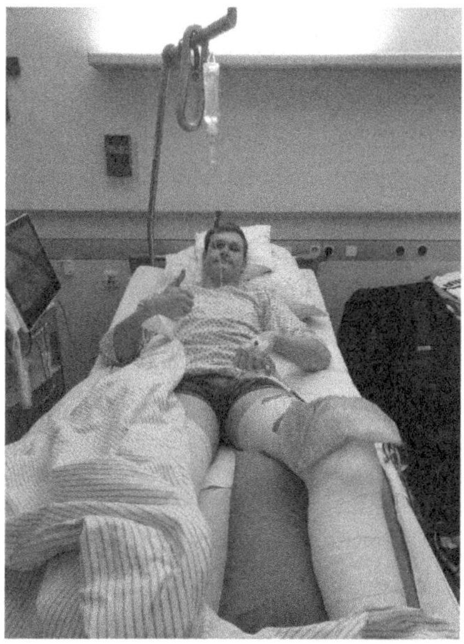

Nicht aufgeben: David Späth kurz nach seiner OP am linken Knie.

Die Handball-Familie hat mich aufgefangen

Genau in dieser Phase spürte ich aber auch, was ich an den Leuten in Kronau hatte. Meine Familie war rund 100 Kilometer entfernt in Kaiserslautern. Eine Freundin hatte ich zu der Zeit nicht. Und viele Freunde außerhalb des Handballs auch nicht. Aber mein Umfeld bei den Löwen fing mich in dieser für mich schweren Stunde auf. Wenn in den Medien von der großen „Handball-Familie" gesprochen wird, war das für mich bis dato immer eine schöne Redewendung gewesen – mehr auch nicht. Jetzt erfuhr ich, was das eigentlich bedeutete. Was das für mich bedeutet. Meine Handball-Familie stand komplett hinter mir. Meine Mannschaftskollegen, die Trainer, die Betreuer, meine langjährigen Weggefährten – sie alle kümmerten sich auf ihre Weise um mich, verbrachten Zeit mit mir, machten mir Mut, unterstützten mich. Allen voran Thilo, mein WG-Kollege und Physio. Einen Physiotherapeuten als Mitbewohner zu haben, ist übrigens nur zu empfehlen. Ganz besonders während der Coronapandemie. Denn nur durch diesen glücklichen Umstand bekam ich meine Behandlungen. Und zwar zu Hause.

Auch die beiden anderen Physios, Sven Raab und Sascha Pander, halfen mir viel. Nicht nur durch Behandlungen, auch durch die vielen mutmachenden Gespräche. Oder Florian Schulz, mein Athletiktrainer: Ohne ihn wäre ich nicht so schnell und so gut wieder in Form gekommen. Oder Daniel Haase, Löwen-Jugendkoordinator und schon seit vielen Jahren mein Begleiter. Auch er erkundigte sich fast jeden Tag nach mir und meinem Wohlbefinden. Und nicht zu vergessen: Juri Knorr und Philipp Ahouansou, die mittlerweile zu besten Freunden geworden sind und während der Verletzung immer für mich da waren. Sie alle kümmerten sich so fantastisch um mich, dass ich diese schwere Zeit überstand.

Mit dem Rückenwind der langsamen Genesung und der Unterstützung meiner Handball-Familie fasste ich neues Vertrauen. Ich war wieder motiviert und verspürte von Tag zu Tag mehr den Drang, zurückzukommen. Mittlerweile – die OP war ungefähr sechs oder acht Wochen her – ging ich auch wieder in die Halle, schaute den Jungs zu, machte mein eigenes Programm am Rand. Irgendwann verbrachte ich die meisten Tage sogar komplett in der Halle, arbeitete an meinem Comeback und fieberte meiner Rückkehr entgegen. Ich wollte zurück. Ich wollte es allen zeigen. Ich wollte es *mir* zeigen.

Endlich fit, endlich Vollgas – und wieder verletzt

Im Sommer 2022 stieg ich wieder ein. Vorbereitung mit den Löwen, endlich wieder Vollgas. Unser neuer Trainer Sebastian Hinze hatte mich ein paar Wochen vorher angerufen. Er erkundigte sich nach meiner Gesundheit, nach meiner Form, wir hatten ein gutes Gespräch. Und auch im Tor lief es gut an. Ich fühlte mich wohl, konnte in den ersten Testspielen überzeugen und war voll drin im Konkurrenzkampf. Bis sich mein Knie wieder meldete. Ein leichtes Zwicken zunächst nur – und doch zu stark, um es zu ignorieren. Eine entsprechende Untersuchung bescherte mir einen erneuten Nackenschlag: Die Naht am Innenmeniskus war aufgegangen. Das durfte doch nicht wahr sein. Gerade jetzt, wo ich wieder voll angreifen wollte. Aber alles Lamentieren half nicht – zweite OP, ein bisschen vom Meniskus wegnehmen, noch mal sechs bis acht Wochen Pause.

Trotzdem: Ich hatte die lange Leidenszeit nach dem Kreuzbandriss überstanden. Also würde ich die vergleichsweise kurzen sechs bis acht Wochen erneute Reha ebenfalls überstehen. Die zweite OP verlief ohne Probleme und im Anschluss spulte ich wieder mein Programm ab. Physio, Kraftaufbau, Stabilisationsübungen. Und dieses Mal ging alles gut, das Knie hielt. In den Leistungstests, im Training – und dann auch endlich wieder im Spiel.

Comeback nach 360 Tagen

7. November 2022: Auswärts beim HSV Hamburg gab ich mein Comeback. Nach fast genau einem Jahr. Ich genoss es, saugte jede Minute auf dem Spielfeld in mich auf, gab alles und war schnell wieder in meiner Torwartroutine. Ich hatte es geschafft. Von Woche zu Woche wurde ich besser, bekam mehr und mehr Spielanteil und überzeugte im letzten Spiel vor der Winterpause gegen Gummersbach noch einmal mit einer starken Leistung.

Im Januar hatten wir dann mit der U21-Nationalmannschaft einen Lehrgang. Wir spielten in Hannover gegen Portugal, Spanien und Frankreich. Ich war wieder voll mit dabei, stand wieder im Tor. Meine Teamkollegen freuten sich riesig. Sie nahmen mich alle super gut auf, ein tolles Gefühl. Wir gewannen alle drei Spiele deutlich. Es lief einfach.

Anders im Verein. In der Rückrunde spielte ich vergleichsweise wenig. Aber ich arbeitete weiter, trainierte hart und glaubte immer an mich. Mein Ehrgeiz war enorm. Und wenn ich auch bei vier bis fünf Spielen in einer Woche kaum spielte, wurde er nur noch größer. Davon unberührt war die Chemie in der Mannschaft und auch zwischen uns Torhütern lief es super. Nur meine eigenen Ansprüche konnte ich so noch nicht erfüllen. Noch nicht.

Pokalsieg mit den Löwen

Dann kam der Sommer ’23. Ein verrückter Sommer, ein Sommer der sportlichen Superlative. Mein Sommer. Wir hatten uns für das Final Four in der Lanxess Arena in Köln qualifiziert. Im Halbfinale gegen Flensburg kam dann mein Moment, auf den ich in den vielen Trainings, in den vielen Wochen und Monaten hingearbeitet hatte. Jetzt konnte ich es allen zeigen. Ich stand vor knapp 20.000 Zuschauern im Tor. Zunächst für einen Siebenmeter kurz vor Spielende. Die Partie war extrem eng. Ich hielt – und Trainer Sebastian Hinze vertraute mir, ließ mich für die Verlängerung im Tor. Ich zahlte ihm das Vertrauen zurück und parierte einen Ball nach dem anderen. Wir erreichten das Finale, in dem ich gegen den SC Magdeburg drei Siebenmeter hielt und wir frenetisch von den Fans gefeiert wurden. Wir holten den Pokal. In der Lanxess Arena in dieser völlig irren Stimmung den Pokal zu holen, ist mit das Größte, denke ich. Für mich war es bis dato das Größte.

Die Erfahrung beim Final Four war eigentlich kaum noch zu überbieten. Bis die WM kam: U21-Weltmeisterschaft im eigenen Land. Ich war pünktlich zum Turnierbeginn topfit. Auch als Team waren wir richtig gut in Fahrt. Normalerweise stapelt man vor so einem Event ja eher tief. Wir nicht. Nicht mit dieser Mannschaft. Wir wollten den Titel. Und wir machten von Beginn an kein Geheimnis daraus.

WM-Sieg mit der U21

Unser Team war etwas ganz Besonderes. Seit vier Jahren spielten wir zusammen. Wir waren ein zusammengewachsener, verschworener Haufen, jeder mochte jeden, eine mega Mannschaft. Und wir alle wollten zeigen, wie gut wir waren. Dass eine WM im eigenen Land etwas Einmaliges ist, hatten wir wohl vermutet. Aber mit diesem brutalen Hype, der diese WM begleitete, hatten wir nicht gerechnet. Weiß Gott nicht. Alle berichteten über uns. Wir waren in der *Bild*, unsere Spiele liefen auf Eurosport, selbst RTL zeigte Ausschnitte in den Nachrichten.

In Magdeburg wurden wir auf der Straße erkannt. Wir bekamen natürlich von unseren Familien, aber auch von anderen Handballern unzählige WhatsApps und Grußbotschaften. Andy Schmid schrieb mir, Uwe Gensheimer, Patrick Groetzki. Unsere Familien waren in der Halle, die Fans hielten Fahnen und Plakate hoch, es war fantastisch!

Sportlich lieferten wir Spiel für Spiel ab. Je stärker wir wurden, desto lauter und begeisterter wurden unsere Fans. Bis zum Finale konnte uns keiner aufhalten. Und im Finale krönten wir uns dann selbst zum Weltmeister. Gegen Ungarn, 30:23. Unser Coach Martin Heuberger setzte auf mich. Und ich hielt über 40 Prozent. Die Halle rastete aus. Bei jedem Tor. Aber auch bei jedem Ball, den ich mit dem Fuß rausholte und bei jedem Heber, den ich noch über die Latte lenkte. Ekstase pur – für uns auf dem Feld und für die Zuschauer auf den Rängen. Wir hatten das Ding wirklich geholt. Es war einfach sensationell.

Immer noch ehrgeizig – aber auch gereift und dankbar

Direkt nach dem Abpfiff platzten die Emotionen aus uns heraus. Es gab kein Halten mehr. Wir jubelten, wir feierten, wir lagen uns in den Armen. Erst ein paar Minuten später übernahm mein Kopf für ein paar Momente wieder die Regie: Ich saß in der Kabine, die Medaille in der Hand. Und dachte daran, dass ich noch vor einem Jahr nicht mal richtig laufen konnte. Da erkannte ich auch, dass so eine Verletzung schon etwas mit einem macht. Ich bin immer noch brutal ehrgeizig. Aber ich bin auch gereift und einfach sehr, sehr dankbar, Handballer sein zu dürfen. Heute genieße ich jede einzelne Spielminute. So ist das seit meinem Comeback am 7. November 2022, bei dem ich das erste Mal seit 360 Tagen wieder auf der Platte stehen durfte.

THILO GOETZKY

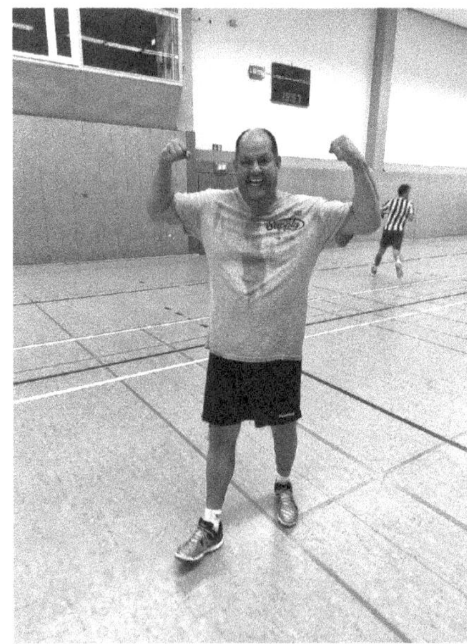

© Gerrit Schultz

Name: *Thilo Goetzky*
Spitzname: *Gulle*
Position: *Rückraum – rechts wie links*
Geboren am: *4. Juni 1967*
Geboren in*: Mettmann*
Größter Erfolg: *Wiederaufstieg in die Bezirksliga mit dem TVD 1870 Velbert*
Handball ist für mich: *Spaß, Geselligkeit, Freundschaft. Deswegen habe ich Bock auf Handball!*

DER 19-TORE-MANN

Hitzige Derbys und innige Freundschaften, verwegene Siebenmeter-Pfiffe, ein noch verwegeneres Frottee-Höschen, ein Rekord für die Ewigkeit und Ramazzotti aus der Fleischwurst: Was für mich als Amateur den Handball so besonders macht.

Es war im Herbst 1978. Wir saßen in der Küche unseres Reihenhauses in Velbert-Birth, geografisch im Städtedreieck Wuppertal, Essen, Düsseldorf zu verorten, auf der Grenze zwischen Ruhrgebiet und Bergischem Land. Es war kein besonderer Tag, eher alles wie immer, als mich mein Vater aus meinen Gedanken riss. „Junge!", raunte er mich an. „Geh raus, mach Sport!"

Wir wohnten gegenüber einer Schule mit Sportplatz. Also ging ich am nächsten Tag rüber zu den Fußballern und trainierte mit. Ich erinnere mich noch genau: Es schüttete in Strömen. Nach dem Training war ich klitschnass, hatte mir die Knie auf dem Ascheplatz aufgehauen und war echt bedient. Ich schmiss meine Sporttasche in die Ecke. „Nö, Fußball ist nicht meins."

Hätte die Sonne geschienen oder wäre mir ein schönes Tor gelungen, vielleicht wäre ich damals mit meinen elf Jahren beim Fußball hängengeblieben. Gott sei Dank kam es anders. Nach meinem Reinfall beim Kicken ging ich zum Handball. Halle statt Asche, blaue Flecken statt blutiger Knie, TuS 1864 Velbert statt TVD. Aber auch hier hatte ich nicht unbedingt einen Auftakt nach Maß. „Der Dicke geht ins Tor!" Der Dicke, das war dann wohl ich. Egal. Ich fand's ganz ok, es machte mir sogar Spaß. Zwei Jahre blieb ich beim TuS, trainierte und spielte in der Halle Am Wasserturm. Die erste Saison tatsächlich im Tor, mit diesen Noppen-Handschuhen damals noch. Nachdem ich aber zweimal ohnmächtig geworden war – einmal krachte ich gegen den Pfosten, einmal schlug der Ball in meinem Gesicht ein –, wechselte ich aufs Feld. Und von da an machte es sogar richtig Spaß.

Einsatz als Schiri-Ersatz

Es folgten vier weitere Jahre in der Von-Böttinger-Halle, beim Ortsrivalen TBK, dann zogen mich meine Kumpels zum TVD 1870 Velbert. Dahin, wo meine Handballgeschichte so richtig begann. Es war derselbe Verein, bei dem ich bei den Fußballern an jenem verregneten Herbsttag '78 zum Probetraining war. Das praktische: Auch die Handballhalle war direkt gegenüber von meinem Zuhause. Außerdem kannte ich ein paar der Jungs. Einige vom Spielen auf der Straße, andere aus der Tanzschule, ein paar sogar schon seit Grundschulzeiten. Ich fühlte mich sofort wohl. Zum letzten Saisonspiel fuhr ich noch als Zuschauer mit. Der Turnverein Dalbecksbaum, kurz TVD, Spitzname „Bäumer", trat beim SV Bayer Wuppertal an. In der alten Bayer-Halle, wo noch Gardinen vor den

Fenstern am Spielfeldrand hingen und die Duschen aussahen, wie … Es waren einfach andere Zeiten.

Als ich es mir mit den anderen Fans auf der Tribüne gemütlich machen wollte, war ich plötzlich mittendrin im Geschehen: „Thilo, es kommt kein Schiri. Du pfeifst!“ Gut, dachte ich, mache ich. Ich pfiff also diese Partie gegen die Wuppertaler, die in Velbert keiner leiden konnte. Ich auch nicht. Und so pfiff ich auch. Das Spiel war eng, kurz vor dem Abpfiff stand es unentschieden. Dann kam mein Auftritt: Für einen harmlosen Rempler eines Wuppertalers an meinem Kumpel Toto auf Höhe der Mittellinie gab ich Siebenmeter. Einfach mal so. Das kam gut an – zumindest bei einer Mannschaft. Der Wuppertaler Coach kochte vor Wut, die Spieler setzten sich auf den Siebenmeterpunkt und wollten die Ausführung verhindern, die Stimmung war jetzt nicht die allerbeste. Ich schickte die Sitzblockade mit zwei Minuten runter vom Feld, Toto, der Gefoulte, warf selbst. Tor. Sieg. Schnell raus aus der Halle.

„Thilo, du kommst jetzt zum TVD!“

Noch auf der Rückfahrt sprach mich der langjährige Abteilungsleiter Rolf Geßwein – Gott habe ihn selig – an: „Thilo, du kommst jetzt zum TVD. So einen wie dich brauchen wir hier im Verein!“ Jetzt war ich also auch ein Bäumer, pünktlich zum Wechsel von der A-Jugend in den Seniorenbereich.

Über die Jahre hatte ich mich von „dem Dicken, der ins Tor geht" zu einem guten Rückraumspieler entwickelt. Bestimmt hätte ich zu der Zeit auch ein oder zwei Klassen höher spielen können. Aber ich war angekommen. Beim TVD. Bei den Bäumern. Hier gab es alles, was ich wollte. Der Weg zur Halle war kurz, die Jungs waren super – und es gab diesen Jugendraum gegenüber den Kabinen, der mit einer Theke und einer langen Tafel ausgestattet war, an der wir mit der ganzen Mannschaft sitzen konnten. Zwei Frauenmannschaften gab es auch. Mit denen feierten wir dort zusammen. Absolut außergewöhnlich war, dass wir für diesen Raum eine Schankgenehmigung hatten. In einem Schulsporthallen-Komplex. Auch hier: Es waren einfach andere Zeiten. Den Jugendraum gibt es übrigens immer noch. Wenn also einer der Herren Profis, in deren Gesellschaft ich mich hier in diesem Buch befinde, mal eine neue Herausforderung sucht: Ihr könnt gerne zum Probetraining vorbeikommen. Trainiert einfach mit – versprechen kann ich euch aber nichts.

Die beste Entscheidung meines Lebens

Mit 18 Jahren zum TVD zu wechseln, war auf jeden Fall die beste Entscheidung meines Lebens. Viele Geschichten aus dieser Zeit kann ich hier nicht jugendfrei erzählen. Aber ein paar Anekdoten möchte ich doch kurz anreißen. Vielleicht erkennt sich der ein oder andere Handballer ja wieder und möchte im Nachgang einen Bierdeckelvertrag bei uns Bäumern unterschreiben.

Schon die kleineren Anekdoten zeigen, wie viel Spaß wir als Mannschaft hatten, welchen Stellenwert Sport und Zusammenhalt in unserem Leben hatten und wie wichtig uns einfach der Handball war. Ich denke zum Beispiel an meinen Freund und Mitspieler Jochen, der bei einer Rangelei in der Abwehr seinen durchsichtigen Mundschutz verloren hatte. Time-out. Schiedsrichter, Jochen und die in der Nähe stehenden Spieler suchten den Mundschutz, während ich von der Bank meine Dritten aus dem Kiefer nahm und sie über den Hallenboden am Schiri vorbei zu Jochen warf. „Nimm meine, Jochen!" Stille. Entsetzen. Gelächter. Wir hatten auf jeden Fall unseren Spaß. Gleiches gilt für ein Spiel in Vohwinkel. Mir war beim Tempo-Gegenstoß mein Gegenspieler enteilt, so ein langer, dünner mit Pferdeschwanz. Also zog ich ihn kurzerhand an seinem Zopf von hinten zu Boden. Wieder Stille. Wieder Entsetzen. Wieder Gelächter, sogar bei den Gegnern. Eine Rote Karte für mich und ein gemeinsames Bier draußen vor der Halle, da konnte selbst der Gefoulte drüber lachen.

Ich war schon immer schmerzfrei, was Humor und Spökes angeht. Als ich meine Sporthose zum Spiel vergessen hatte, lief ich einfach in einer dieser Adidas-Frottee-Höschen auf, die mir eine Spielerin aus unserer Damenmannschaft lieh. Ja, und? Ich war schließlich nicht der Einzige, der schmerzfrei war. Unser Trainer Gerd Verstegen, den alle nur „Verse" nannten, präsentierte uns in jeder Halbzeit eines jeden Spiels die immergleiche Kabinenansprache: „Männer, macht euch frisch – und in der zweiten Halbzeit dann Gas nach vorne!" Ich habe seine Stimme noch heute im Ohr. Ich habe aber vor allem auch noch den Geruch in der Nase, diese Mischung aus Schweiß, verbrauchter Kabinenluft und Tabakrauch. Verse drehte sich in jeder Halbzeit ohne zu zögern eine Zigarette in der Kabine. Andere Zeiten, Ihr wisst schon.

„Verse" und „Helle" mussten viel aushalten

Verses Nachfolger war „Helle". Helmut Melchert. Während dessen Sohn André Melchert erst als Profi am Ball war und später bei der HSG Konstanz Sportdirektor wurde, trainierte Helle uns über viele Jahre 600 Kilometer weiter nördlich in Velbert-Birth in der Kreisliga. Er hatte bestimmt viel Spaß mit uns, musste aber auch viel aushalten: „Männer, gut gespielt heute – aber die Siebenmeter müssen wir noch mal üben!", sagte er nach einem unserer Heimspiele beim gemeinsamen Bierchen im Jugendraum. Eine Stunde und zehn Bier später nahmen wir ihn beim Wort und bogen auf dem Weg von der Kabine in die Dusche noch mal ab in die Halle. Nackt-Siebenmeter-Werfen im Schutze der Dunkelheit. Wir hatten unseren Spaß, auch wenn wir mal wieder über die Stränge schlugen. Gleiches galt für die Tage, an denen wir erst morgens um sechs Uhr aus der Düsseldorfer Altstadt nach Hause kamen. Die Jungs kamen dann einfach mit zu mir, meine

Mutter machte uns Rührei. Frühstücken, duschen, umziehen und um 10 Uhr ab zum Spiel in die Halle gegenüber. Wir litten. Aber wir kämpften uns rein, wir hielten durch, wir gewannen.

Grundsätzlich feierten wir gut, das kann man sagen. Aber wir spielten auch gut. Wir hatten einfach eine überragende Zeit. Jeder hatte Bock auf Handball, Bock auf diesen Verein, Bock auf Vereinsleben. Und wir waren immer beim Training. Jeden Dienstag und jeden Freitag. Training ausfallen zu lassen, gab es nicht. Außer in der Vorbereitung, klar. Es stand überhaupt nicht zur Diskussion für uns, an einem Trainingsabend oder einem Spieltag etwas anderes zu machen.

Wenn ich an meine mittlerweile über 40 Jahre Amateurhandball zurückdenke, fallen mir meine Top drei ein.

Dreierwechsel zu zweit

Samstagabend, wir hatten ein Heimspiel in unserem Birther Sportpalast. Das ist übrigens auch so eine Geschichte, dass man selbst bei Google Maps mittlerweile zum „Birther Sportpalast“ navigiert, obwohl die Halle eigentlich bloß „Sporthalle Birth“ heißt. Wir spielten auf jeden Fall gegen TB Wülfrath. Ein Verein, der nicht sonderlich beliebt war in Velbert, da die Wülfrather dank des dort ansässigen Unternehmens Rheinkalk immer einen potenten Sponsor hatten und uns teilweise die Spieler abwarben. Dafür hatten sie keinen Jugendraum.

Wir spielten also ein übliches Lokalderby. Hitzige Stimmung, die Fans beider Lager pöbelten sich langsam warm, auch die Trainer trugen schon die ersten Wortgefechte aus. Es dauerte also nicht mehr lange, bis auch auf dem Feld die Gangart rauer wurde. Wir kassierten die erste Zeitstrafe gegen uns, dann die zweite, die dritte, die vierte – und plötzlich standen wir nur noch zu zweit auf dem Feld. Jochen und ich. Plus Volker im Tor. Der Rest hatte zwei Minuten gesehen. Vierfache Unterzahl, zwei gegen sechs. Verdutzt schauten wir uns an. „Thilo, was machen wir jetzt?" „Dreierwechsel", sagte ich. „Zu zweit?!" Stimmt, Jochens Einwand war berechtigt. Egal. Er holte mich, ich stieg hoch und haute das Ding in den Kasten. Die Wülfrather indes spielten ihren Vorteil nicht aus. Im Gegenteil: Sie versuchten es bei uns durch die Mitte. Und prallten ab – Stürmerfoul. Jochen und ich brachten damals zusammen 240 Kilo Kampfgewicht auf die Waage. Das war also nicht mal besonders gut verteidigt. Das war einfach Physik. In unserem zweiten Angriff zu zweit setzten wir noch einen drauf und spielten Sperre-Absetzen. Jochen ging an den Kreis, ich stieg hoch, legte ab, Tor. Danach parierte unser Keeper Volker einen überhasteten Wurf der Gegner und wir verwandelten sogar einen Tempo-Gegenstoß. 3:1 gewannen wir unsere vierfache Unterzahl. Der Gäste-Trainer rastete aus und Jochen und ich bekamen einen extra Ramazzotti aus dem Eichenfass, das seit jeher zum Inventar des Jugendraums gehört. Und so sehr sich die Wülfrather ärgerten, so sehr wir über die Jahre bei den vielen Lokalderbys rivalisierten – vor dieser Aktion zogen sie sportlich den Hut. Und unsere Jungs schenkten Jochen und mir kurz darauf Shirts mit der legendären Aufschrift „Einer von die zwei“.

Von der OP aufs Spielfeld

Noppes war ein Tier. Ein beinharter Kerl. Müllwagenfahrer, davor jahrelang bei der Marine gewesen, Tattoos, einer, mit dem man einfach keinen Ärger haben möchte. Einer, der auf Turnieren gerne schon mal ein Bier für sich bestellte – und damit einen Kasten meinte, keine Flasche.

Bei uns spielte Noppes auf Rechtsaußen, als Linkshänder. Und wie wir alle ließ auch er kein Training ausfallen. Mit einer Ausnahme. „Männer, Coach!“, sagte er. „Ich bin Freitag nicht beim Training. Samstag zum Spiel bin ich aber da.“ Wir dachten uns nichts weiter dabei. Noppes würde schon seinen Grund haben. Er fehlte folgerichtig Freitag beim Training. Und kam Samstag zum Spiel. An seiner Hand hatte er einen Verband. Sah nicht gut aus. Wir fragten ihn, was denn passiert sei. „Mir wurde der kleine Finger amputiert.“ Wir waren sprachlos. Und Noppes spielte.

19 Tore in einem Spiel

Die dritte Anekdote ist schnell erzählt. Und doch ist es die Geschichte, die am meisten nachwirkt und noch heute, viele Jahre nach dem eigentlichen Ereignis, in unseren Vereins-WhatsApp-Gruppen immer wieder mal bemüht wird.

Wir spielten mit den Bäumern beim Mettmanner SC. Ich spielte schon auf Halbrechts, nachdem ich die ersten Jahre eher über Halblinks gekommen war. An jenem Tag aber hätte ich vermutlich auf jeder Position spielen können. Mir gelang alles. Es gibt ja so Tage. Gleichzeitig gelang meinen Gegenspielern überhaupt gar nichts. Und so warf ich tatsächlich in einem einzigen Spiel 19 Tore. Alle aus dem Feld heraus, kein Siebenmeter dabei. Das waren die Fakten.

Daraus hat sich mittlerweile ein kleiner Running Gag entwickelt. Keine Saison, in der nicht irgendwann irgendjemand in unserer WhatsApp-Gruppe fragt, ob es denn nicht mal diesen einen Spieler gab, der 19 Tore in einem einzigen Spiel geworfen hat. Gerne erzähle ich dann immer und immer wieder diese Geschichte. Reichlich ausgeschmückt, klar. Auch mit viel Stolz – aber mit noch viel mehr Spaß. Und wenn heute einer von den jungen Spielern bei uns mal zehn oder zwölf Buden geworfen hat Mitte der zweiten Halbzeit, dann dauert es nicht lange, bis die Sprüche losgehen: „Mach mal langsam jetzt. Thilo sitzt oben. Nicht, dass du an den 19 Toren kratzt!“ Oder: „Trainer, ich habe die Letzten extra verworfen. Thilo war auch da. Das konnte ich einfach nicht riskieren.“

Herrlich, diese Legendenbildung. Auch wenn ich das selbst gar nicht so ernst nehme. Es bringt einfach gute

Laune. Und es verbindet auch ein Stück weit meine ältere Generation mit den jungen Spielern.

Wir sind doch alle Handballer

Ich war immer einer, der viel Spaß gemacht hat. Hatte ich eigentlich schon erzählt, dass wir im Bus auf dem Weg zu unserer Saisonabschlusstour an den Eurostrand aus Mangel an Pinnchen Ramazzotti aus einer ausgehöhlten Fleischwurst getrunken haben? Egal. Wir haben alle viel Blödsinn gemacht. Auch Dinge, die damals eigentlich schon nicht gingen und die heute undenkbar wären. Wir hatten einfach Spaß. Wir hatten Spaß am Handball. Auf dem Feld und neben dem Feld auch. Übrigens auch mit unseren Familien. Wer Kind und Kegel hatte, nahm Kind und Kegel ganz selbstverständlich mit in die Halle.

Aber eins meine ich jetzt mal ganz ernst: Wenn ein junger Spieler heutzutage nach dem Training oder nach dem Spiel sofort abhaut, tut mir das weh. Ich finde es schade, dass es nicht mehr selbstverständlich ist, im Anschluss an den Sieg oder auch die Niederlage noch zusammenzusitzen. Wir sind damals vom Spielfeld runter und direkt rein in unseren Jugendraum. Wir haben die Tasche in die Ecke gestellt und uns am langen Mannschaftstisch oder direkt an der Theke festgedübelt, dann Karten gespielt, aus der Hand geknobelt oder einfach dummes Zeug erzählt. Und geduscht wurde dann um halb zwei. Oder später. Auch das waren andere Zeiten, ja. Trotzdem denke ich dann, dass das keine gute Entwicklung ist, wenn Kevin direkt auf eine andere Party fährt, Sven mit seiner Perle Netflix gucken muss und Leon weg ist, ohne zumindest noch ein schnelles Getränk mit der Mannschaft zu nehmen. In meiner Seele stirbt mit jedem Mal ein kleines Stück unseres Vereinslebens.

Man kann das nicht erzwingen, dass alle wie früher in der Halle versacken und Handball Priorität hat. Aber man kann dafür kämpfen. Zusammen. Als Mannschaft. Wie auf dem Feld. Wir sind doch schließlich alle Handballer.

SVEN-SÖREN CHRISTOPHERSEN

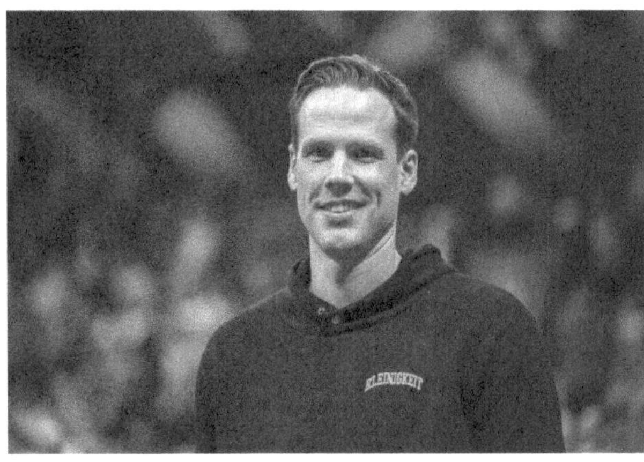

© Sascha Klahn

Name: *Sven-Sören Christophersen*
Spitzname: *Smöre*
Position: *Rückraum links*
Geboren am: *9. Mai 1985*
Geboren in: *Lübeck*
Größter Erfolg: *DHB-Pokalsieger 2014 mit den Füchsen Berlin*
Handball ist für mich: *Dynamik und Spannung, Fairness und Begeisterung – und über allem immer der Teamgedanke. Deswegen habe ich Bock auf Handball!*

ERST SAH ICH ROT, DANN BOB UND DANN DER HSV

Überraschung auf Malle, Einspruch von Bob und eine irre Aufholjagd: Die erste Champions-League-Saison in der Vereinsgeschichte der Füchse Berlin ist auch ein Teil meiner Geschichte – und umgekehrt.

Es war im Mai 2011. Ich erinnere mich noch ziemlich gut. Meine erste Saison mit den Füchsen Berlin neigte sich dem Ende entgegen. Wir waren Vierter und sicher für den EHF-Pokal qualifiziert. Auf Göppingen, Flensburg und Magdeburg hatten wir ausreichend Vorsprung in der Liga, Hamburg war schon vorzeitig Meister geworden und der THW Kiel und die Rhein-Neckar Löwen auf den Plätzen vor uns würden wohl auch nicht mehr patzen. Kurzum: Saison im Grunde gelaufen, ab nach Malle für ein paar Tage mit der Mannschaft.

Wir feierten und genossen die spanische Sonne, als uns eine frohe Kunde erreichte: Die Löwen hatten überraschend am 32. Spieltag ihr Auswärtsspiel beim VfL Gummersbach verloren. Wir waren im Urlaub auf Platz drei geklettert und hatten uns damit – da wir unsere verbliebenen zwei Spiele pflichtgemäß gewannen – doch noch für die Champions League qualifiziert. Darauf ein San Miguel. ¡Salud!

Hammergruppe zum Start

Ein paar Monate und eine harte Vorbereitung später standen wir dann wirklich das erste Mal in der Vereinsgeschichte der Füchse in der Champions League. Die Auslosung meinte es nicht unbedingt gut mit uns, denn wir waren in einer Sechsergruppe mit Atlético de Madrid, Veszprém, Kielce, Medwedi Tschechow und Bjerringbro-Silkeborg. Eine Hammergruppe. Zwar sollte Silkeborg sieglos Letzter werden – wir anderen fünf kämpften jedoch absolut auf Augenhöhe um die vier Plätze, die zum Einzug ins Achtelfinale berechtigten.

Wir mussten auswärts in Tschechow starten, 21 Autostunden östlich von Berlin. Wir nahmen den Flieger nach Moskau und fuhren dann die letzten 80 Kilometer mit dem Bus. Ich kannte Tschechow noch von einem Auswärtsspiel aus meiner Lemgoer Zeit. Viel verändert hatte sich nicht. Wir sollten im Dunkeln nicht mehr raus. Auch das kannte ich schon. Aber: Alles gut – wir waren schließlich zum Handballspielen da. Und das brachte uns schon genug Probleme. Für den russischen Meister Tschechow spielte nämlich fast die komplette Nationalmannschaft. Schelmenko, Kokscharow, Rastvorzev, Dibirov, Filippov, Ivanov und wie sie alle hießen. Richtige Bären waren das.

Wir kamen gut rein in die Partie. Ich selbst stand in der ersten Sieben, obwohl die Füchse trotz meiner starken ersten Saison auf meiner Position noch den Spanier Iker Romero verpflichtet hatten. Der kam übrigens zu Saisonbeginn auf mich zu und beeindruckte mich nachhaltig:

„Smöre, ich bin da, um dir zu helfen!“, sagte er zu mir. Und genau so verhielt er sich auch während unserer gesamten gemeinsamen Zeit. Absolut unterstützend, ein Teamplayer durch und durch. Dass wir Jahre später in Hannover noch einmal in anderer Konstellation – nämlich er als Co-Trainer von Carlos Ortega und ich in meiner letzten Saison als Spieler, später dann als Sportlicher Leiter zusammenkommen würden – wussten wir natürlich beide noch nicht. Ich durfte auf jeden Fall beginnen und traf alles. Neun Tore gelangen mir am Ende, was mit dazu führte, dass wir nur knapp an einem Traumstart vorbeischrammten. Aber ein 31:31 in Tschechow war schon ok.

Lehrgeld gegen Atlético und Veszprém

Es folgte unser erstes Heimspiel gegen Kielce, das wir locker gewannen. Und auch auswärts in Silkeborg hatten wir keine Probleme. Dann kam die Phase, wo wir Lehrgeld zu zahlen hatten, mit zwei äußerst unangenehmen Pleiten gegen Atlético und gegen Veszprém. Beide zuhause. Beide deutlich. Damit hatten wir nach der Hinrunde mit 5:5 ein ausgeglichenes Punkteverhältnis.

Zum Rückrundenstart spielten wir in umgekehrter Reihenfolge, also zuerst in Veszprém. Das Spiel war sicher ein Meilenstein. Wir deklassierten die Ungarn in deren Halle mit 33:24. Wie eigentlich immer herrschte in der Veszprém-Arena eine irre Stimmung. Aufgeladen, hitzig, fast schon überhitzt. Umso beeindruckender war es, dass die ungarischen Fans nach unserem Galaauftritt aufstanden und für uns anerkennend applaudierten. So etwas hatte ich noch nicht erlebt. Und so etwas erlebte ich in den gesamten 15 Jahren meiner aktiven Karriere sehr selten. Gänsehaut pur. Es zeigt, für welche Werte der Handball steht.

Beim nächsten Spiel in Kielce war die Stimmung ähnlich schwierig für uns. Diesmal konnten wir nicht überzeugen und verloren die Partie. Gegen die polnische Nationalmannschaft, gewissermaßen. Denn Kielce spielte mit Jurecki, Szmal, Tkaczyk und und und. Mit nunmehr 7:7-Punkten waren wir trotzdem weiter voll im Geschäft. In unserer Gruppe B waren – mit Ausnahme von Silkeborg – alle weiterhin wahnsinnig eng beieinander.

Die Chemie stimmte

Die Chemie bei uns in der Mannschaft stimmte einfach, wir waren vor allem in der Breite sehr gut aufgestellt. So konnten wir auch in der Crunchtime immer noch mal adäquat von der Bank nachlegen. Bestes Beispiel war unser zweiter Torwart Petr Štochl. Der Tscheche war klar die Nummer zwei hinter unserer Eins Silvio Heinevetter. Aber immer, wenn Heine mal angeschlagen war oder einen seiner wenigen nicht so guten Tage hatte, war Petr zur Stelle und hielt auch seine 15 Bälle für uns. Diese Ausgeglichenheit war sicherlich eine unserer Stärken in dieser Saison.

Trotz der guten Stimmung, einem Sieg zuhause gegen Tschechow und auch guter Ergebnisse in der Liga mussten wir uns in Madrid im vorletzten Gruppenspiel geschlagen geben. Diesmal hatte Iker mehr Spielanteile als ich und war mit sechs Treffern in seiner Heimat unser Top-Werfer – leider reichte es trotzdem nicht. Das hatte zur Folge, dass wir im letzten Spiel gegen den vermeintlichen Underdog und Tabellenletzten Silkeborg auf jeden Fall noch abliefern mussten. Zu eng waren die Teams beieinander, als dass wir es hätten etwas lockerer angehen lassen können.

Wie so oft in Spielen gegen vermeintlich schwächere Mannschaften wurde es plötzlich eng. Wir konnten uns bis zum Ende von den Dänen nicht wirklich absetzen und lagen wenige Sekunden vor Schluss mit nur einem Tor in Führung. Silkeborg erhielt tatsächlich noch eine letzte Chance über einen erweiterten Tempo-Gegenstoß. Es war ausgerechnet mein Gegenspieler, der den langen Ball bekam. Ich nahm ihn seitlich auf und unterband so die Torchance. Wir gewannen zwar das Spiel mit einem Tor, der Schiedsrichter zeigte mir für mein Foul aber die Rote Karte.

Das hatte zwei Konsequenzen. Erstens: Wir waren dank des Sieges vor Tschechow auf Platz vier gelandet und fürs Achtelfinale qualifiziert. Und zweitens: Die Rote Karte für mich bedeutete ein Spiel Sperre. Ich war also für das Achtelfinal-Hinspiel gegen Hamburg gesperrt. Die Regel, Fouls in der letzten Spielminute mit Rot zu bestrafen, war noch recht neu und die Auslegung noch nicht ganz eindeutig im Handball-Alltag angekommen. Aus unserer

Sicht war es auf jeden Fall eine Fehlentscheidung. Das sah auch Bob Hanning so, unser Geschäftsführer. Bob tobte, wetterte gegen die Entscheidung und wollte sich damit einfach nicht abfinden. Aber die Entscheidung stand fest. Ich würde beim Hinspiel zuhause gegen den HSV fehlen.

Folgenreicher Einspruch von Bob

Einen Tag vor dem Spiel erhielt ich von Bob einen Anruf. „Du darfst spielen! Der Einspruch mit allem drum und dran war übrigens relativ teuer. Wäre also gut, wenn du dafür zweistellig treffen würdest!" Ich war baff. Was war passiert? Nachdem ich in erster Instanz für meine Rote Karte für eine Partie weiterhin gesperrt blieb, hatte mich der EHF-„Court of Appeal" nach einem Einspruch der Füchse freigesprochen und die Sperre für die Partie gegen Hamburg aufgehoben. Der erfolgreiche Einspruch, den Bob mit dem Verein und der Hilfe des renommierten Sportrechtlers Christoph Schickhardt eingelegt hatte, bewirkte, dass ich also doch noch spielen durfte. Klar, dafür musste ich jetzt abliefern.

Das auch durch diesen Coup medial noch spannungsgeladenere Hinspiel gewannen wir gegen Hamburg mit 32:30, was schon eine kleine Überraschung war. Schließlich waren die Hamburger als amtierender Deutscher Meister locker als Erste durch die Gruppenphase marschiert. Allerdings blieb ich mit meinen Toren einstellig. „Wir sind weitergekommen – ist ok", meinte Bob nach dem Sieg und mit erheblich besserer Laune als wenige Tage zuvor nach meiner Roten Karte. Inklusive Rückspiel, das wir in Hamburg auch knapp gewannen, kam ich übrigens noch in den zweistelligen Bereich: zwölf Tore alles in allem. Das ließ Bob aber nicht gelten. Egal. Wir freuten uns einfach über den Einzug ins Viertelfinale. Damit hatten wir zu Saisonbeginn nicht unbedingt gerechnet.

Nachdem wir den Gruppenersten Hamburg im Achtelfinale ausgeschaltet hatten, wartete nun der Gruppendritte Ademar León auf uns. Erneut ein vermeintlich leichterer Gegner. So reisten wir nach Spanien. Nicht wirklich übermütig, aber auch nicht mit der allergrößten Ehrfurcht. Iker Romero warnte uns am Vorabend nach unserem Abschlusstraining noch, wir sollten die Spanier auf keinen Fall unterschätzen. Die Halle würde ein Hexenkessel sein und wir müssten sehr aufpassen.

Die ganze Saison in einem Spiel weggeworfen

Iker sollte Recht behalten. Wir kamen überhaupt nicht ins Spiel. Es lief nichts zusammen. Jeder Fehler wurde direkt mit einem Tempo-Gegenstoß bestraft. Der Hallensprecher und die spanischen Fans schaukelten sich gegenseitig hoch – und wir hatten das Nachsehen. Wir wurden regelrecht überrannt und lagen zur Halbzeit mit 9:15 hinten. Unser Trainer Dagur Sigurðsson nahm uns in der Kabine in die Pflicht: „Männer, wir müssen das Ergebnis jetzt hier irgendwie eindämmen und auch mit Blick auf das Rückspiel erträglicher machen!“

Wir versuchten es. Und wir scheiterten. Es ging einfach so weiter, richtig übel. Am Ende stand eine 23:34-Niederlage auf der Anzeigetafel. Elf Tore Unterschied. Elf! Wir hatten die Champions-League-Saison in einem Spiel in die Tonne geworfen.

Im Hotel war die Stimmung auf dem Tiefpunkt. Auch mein dänischer Zimmerkollege Torsten Laen und ich waren tief gefrustet. Wir hatten uns wirklich wochenlang den Allerwertesten aufgerissen, um bis in dieses Viertelfinale zu kommen und jetzt das. Aus Frust machten wir uns über die Tapas und Weine her, die wir eigentlich als Mitbringsel für unsere Familien besorgt hatten. Wir ließen mächtig die Köpfe hängen.

Neues Mindset, neue Chance

Zurück in Berlin bekamen wir nicht mal die Möglichkeit, uns in der Liga den Frust von der Seele zu werfen. Wir hatten spielfrei, die nächste Partie war direkt das Rückspiel gegen León bei uns in der heimischen Max-Schmeling-Halle. Als Vorbereitung griff Dagur in die mentale Trickkiste. „Wir können jetzt die Köpfe in den Sand stecken. Oder aber wir überlegen uns, wie wir da wieder rauskommen, wie wir das im Rückspiel gestalten wollen!“ Um uns ein positives Mindset mitzugeben, machte Dagur eine gleichermaßen einfache wie effektive Rechnung auf: „Ja, es sind elf Tore. Andererseits müssen wir nur alle 15 Minuten drei Tore aufholen.“ Der Gedanke verfing sich in unseren Köpfen. Objektiv hatte sich an dem schlimmen Hinspiel-Ergebnis natürlich nichts geändert. Aber in uns arbeitete es jetzt, positiver. Drei Tore alle 15 Minuten – das klang machbar. Der Verein mobilisierte unterdessen die Fans mit der Hoffnung auf das „Wunder von Berlin" und ließ alle Zuschauer möglichst in Gelb, der damaligen Trikothauptfarbe der Füchse, in den Fuchsbau kommen. Zudem überlegten wir uns, wie wir die Spanier vor neue Aufgaben stellen konnten. Ein Aspekt war das 7:6-Überzahlspiel mit siebtem Spieler und Leibchen, das damals noch nicht so populär war wie heute.

Und genau so starteten wir ins Spiel. Direkt mit Überzahl im allerersten Angriff. Ich bekam den Ball, fasste mir ein Herz und traf – wenn auch leicht abgefälscht – zum 1:0. Kein schönes Tor – doch die Fans waren direkt da. Was für eine Stimmung. Laut, frenetisch, absolut nach vorne peitschend. Die Halle brannte und wir marschierten wie die Feuerwehr. Die Vorzeichen hatten sich im Vergleich zum Hinspiel komplett geändert. Irgendwann sahen wir vom Feld aus Zuschauer, die Plakate hochhielten: „Noch fünf Tore!" „Noch vier Tore!" „Noch drei Tore!" Und in der 45. Minute lagen wir tatsächlich mit elf Toren Vorsprung vorne. Es war komplett irre. Und es blieb komplett irre: Mit der Schlusssirene stand es 29:18. Das hieß: mehr Auswärtstore in Summe, weiter! Wir standen im Final Four der Champions League. Und das in unserer ersten Champions-League-Saison überhaupt mit den Füchsen. Das war eine große Sache für den Verein, auch für die Fans – und für uns Spieler sowieso.

Mein Körper war noch voller Adrenalin. Hinzu kamen jetzt massig Endorphine. Euphorisch schnappte ich mir im Siegestaumel das Mikrofon unseres Hallensprechers und stimmte gemeinsam mit den Fans ein „Humba, humba, humba – tätärä“ an. Wir sangen, wir grölten, wir feierten. Juan Andreu Candau, der spanische Kreisläufer, der damals für León und 2014 dann mit mir zusammen in Hannover spielte, sagte mir lange Zeit später, dass er diesen Moment immer in Erinnerung behalten würde. „Du, Smöre, ich habe nach dem Spiel in der Halle keinen mehr gehasst als dich!“ Wegen meiner Humba mit den Fans. Kann ich verstehen. Gott sei Dank hatte die Situation keinerlei bleibenden Einfluss auf unser Verhältnis. Juan und ich haben uns später doch noch gefunden. Auf dem Feld und menschlich – ein feiner Kerl.

20.000 Fans und ein gelber Block

Wir hatten es wirklich geschafft: Nach einem Elf-Tore-Rückstand standen wir im Final Four der Champions League. In der Kölner Lanxess Arena spielten wir gegen den übermächtigen THW Kiel das Halbfinale. Vor 20.000 Fans – unglaublich! Und vor einem riesigen gelben Block aus Füchse-Fans. Am Ende konnten uns selbst die nicht ins Finale jubeln. Zwar blieben wir bis zur letzten Minute dran, aber in diesem Spiel war Filip Jícha in der Endphase einfach zu stark. Wir verloren denkbar knapp mit 24:25. Ja, wir waren enttäuscht, aber wir hatten mit unserer starken Leistung auch gezeigt, dass wir unser Final-Four-Ticket nicht im Lotto gewonnen hatten.

Im Anschluss feierten wir unseren Saisonabschluss. Diesmal gingen wir mit unseren Frauen gemeinsam essen. Auch ohne einen Last-Minute-Patzer der Löwen erreichten wir wieder den dritten Platz in der Bundesliga. Hinter dem THW Kiel und der SG Flensburg-Handewitt. Diesen dritten Platz im ersten Champions-League-Jahr zu bestätigen, war der Nachweis für eine sehr, sehr gute Saison. Für den Verein und auch für mich persönlich.

TOBIAS REICHMANN

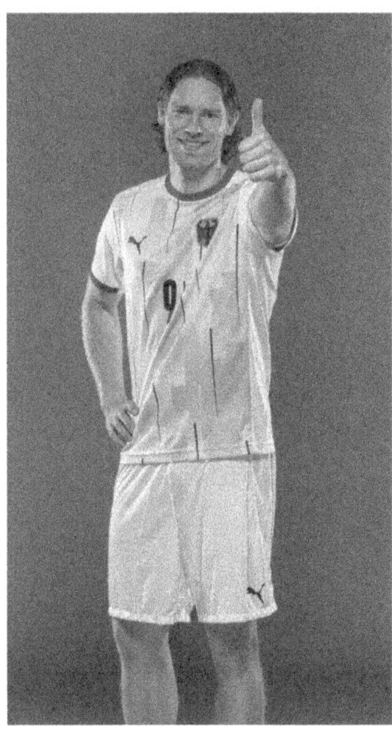

© Sascha Klahn

Name: *Tobias Reichmann*
Spitzname: *Ippe*
Position: *Rechtsaußen*
Geboren am: *27. Mai 1988*
Geboren in: *Berlin*
Größter Erfolg: *Champions-League-Sieger mit dem THW Kiel und KS Kielce*
Handball ist für mich: *Von der ersten bis zur letzten Minute Körperkontakt, Schnelligkeit und jede Menge Action. Deswegen habe ich Bock auf Handball!*

TSCHAUSEN, IHR BANAUSEN!

Obwohl ich 2019 der beste Rechtsaußen in Deutschland war, wurde ich im letzten Moment aus dem WM-Kader gestrichen. Dass ich dann als Reservespieler erst mal nach Florida flog, sorgte für reichlich Schlagzeilen. Trotzdem würde ich es wieder so machen.

Da stand ich also am Gate und wartete auf die Lufthansa, um in die USA zu fliegen, statt auf meiner Rechtsaußenposition auf ein Anspiel zu warten und dann in den Kreis zu fliegen. Flughafen Frankfurt statt Lanxess Arena Köln. Lange Hose und Kapuzenjacke statt kurzer Hose und Deutschland-Trikot. Kurztrip, um den Kopf freizubekommen, statt Weltmeisterschaft im eigenen Land. So hatte ich mir das nicht vorgestellt. Auch wenn in Orlando die Sonne Floridas vom blauen Himmel schien, während Deutschland bei Dauerfrost und Schneefall fror.

Eine Weltmeisterschaft ist für einen Handballer das Größte, neben Olympia natürlich. Und eine Weltmeisterschaft im eigenen Land ist das Allergrößte. Mehr geht nicht. Umso mehr freute ich mich im Vorfeld unserer Heim-WM 2019, dass ich verletzungsfrei und gut in Form in meine zweite Saison bei der MT Melsungen gestartet war. Wir spielten eine überzeugende Hinrunde, für mich persönlich lief es richtig gut. Im Pokal hatte ich mit 25 von 26 eine fast perfekte Wurfquote. Kurzum: Ich war bereit für die WM und freute mich riesig auf das Turnier vor unseren heimischen und so handballbegeisterten Fans.

Johnny oder ich

Unseren Feinschliff für das Turnier holten wir uns Anfang Januar 2019, unmittelbar vor WM-Beginn, in den letzten zwei Lehrgängen in Hannover und Hamburg. Und in Hamburg, das war klar, musste Bundestrainer Christian Prokop den Kader noch von 18 auf 16 Spieler verkleinern. Neben Youngster Tim Suton wollte Christian zugunsten mehrerer Rückraumoptionen auf einen Rechtsaußen verzichten. In diesem Fall also auf Patrick „Johnny" Groetzki oder mich. Ich machte mir wenig Gedanken, dass es mich treffen könnte. Ich wusste um meine starke Hinrunde. Das war nicht nur mein Gefühl – die Statistiken untermauerten meinen Eindruck ja.

Umso kälter erwischte mich dann nach dem ersten von zwei abschließenden Testspielen – wir gewannen 32:24 gegen Tschechien – die Entscheidung. In unserem Hamburger Teamhotel wurde ich zum Gespräch gebeten. Mit Prokop, Co-Trainer Alexander Haase, und, wenn ich mich richtig erinnere, Oli Roggisch und Axel Kromer. „Es sind Nuancen, die den Ausschlag pro Johnny gegeben haben", sagte Christian zu mir. „Nuancen". Wenn es Nuancen gewesen wären, die den Ausschlag gaben, dann hätte man die Statistik bemüht. Und die sprach zu der Zeit klar für mich. Entsprechend fiel auch meine Reaktion aus. Für mich war die Entscheidung nicht mit Argumenten unterfüttert. Ich war überhaupt nicht einverstanden.

„Steffen, ich bin raus!“

Ich verließ den Raum und ging ohne Umwege auf mein Hotelzimmer, das ich mit Steffen Fäth teilte. „Steffen“, sagte ich. „Ich bin raus. Und ich habe auch keinen Bock, jetzt noch das Teammeeting mitzumachen oder mir noch das zweite Testspiel anzugucken. Ich bin weg!“

Ich warf meine Sachen in den Koffer und organisierte mir ein Auto, verabschiedete mich noch bei den Jungs und dem Staff. „Alles Gute!“ Und ab auf die Autobahn, ab nach Guxhagen, ab nach Hause. Auf der Fahrt konnte ich es immer noch nicht fassen. Ja, gut, ich sollte der Erste sein, der im Verletzungsfall nachnominiert würde. „Egal, wer sich verletzt“, hieß es. Doch das tröstete mich überhaupt nicht. Ich war traurig, enttäuscht, wütend.

Zu Hause angekommen, rief ich meine Frau an und erzählte ihr die schlechte Nachricht. Dass ich nicht bei der Heim-WM dabei sein würde. Klar war aber auch: Zu Hause bleiben, abwarten und zuschauen konnte ich auch nicht. Ich musste weg, musste raus, irgendwie den Kopf wieder freibekommen. Also: Kurztrip in die USA.

Bevor ich für meine Frau Sarina, unsere zwei Kinder und meine Schwägerin die Flüge buchte, sprach ich natürlich mit den Verantwortlichen bei der Nationalmannschaft. Ich war ja „auf Abruf“, wie es dann so schön heißt. Und natürlich war ich bereit, trotzdem sofort einzuspringen und abzuliefern, wenn es dazu kommen sollte. Also sprach ich mit Co-Trainer Haase, mit Oli und auch Bob Hanning. Sollte Bedarf sein, würde ich mit dem ersten Flieger zurückkommen und zwölf Stunden später beim Team sein. Alle drei sagten, sie fänden es zwar nicht optimal, aber es wäre in Ordnung.

Am Gate statt in der Halle

Dann kam der 9. Januar. Für die Nationalmannschaft der Tag vor dem Eröffnungsspiel gegen die vereint antretende Mannschaft aus Korea. Für mich der Tag meines Fluges von Frankfurt nach Orlando. Und der Tag, an dem ich jenen Post auf Instagram rausfeuerte, der eine wilde Diskussion in Handball-Deutschland lostrat. Ich postete Selfies von mir am Gate. Garniert mit ein paar Sprüchen wie „Ich bin dann mal weg – Spontanurlaub“ und „Tschausen, ihr Banausen!“

Die Medien machten da eine Riesensache draus. „Tobi Reichmann, der jetzt trotzig wie ein kleiner Junge davonfliegt“, war der überwiegende Tenor. Klar, ich war angefressen. Und ein bisschen Stichelei war da bei meinem Post sicher mit bei. Aber in erster Linie bin ich einfach ein Typ, der gern lacht und auch mal herumfrotzelt. Mehr war es für mich nicht in der Situation. Ich wollte keinen kränken. Ich wollte sicher nicht den Beleidigten spielen. Und natürlich hatte ich auch nicht annähernd mit einer so gewaltigen Medienresonanz gerechnet. Zu spät. Der Post war in der Welt, ich war in der Luft. Und einen Überseeflug später war mir klar, dass ich jetzt sehr wahrscheinlich nicht mehr nachnominiert würde. Selbst dann nicht, wenn sich die komplette Mannschaft kollektiv verletzen würde.

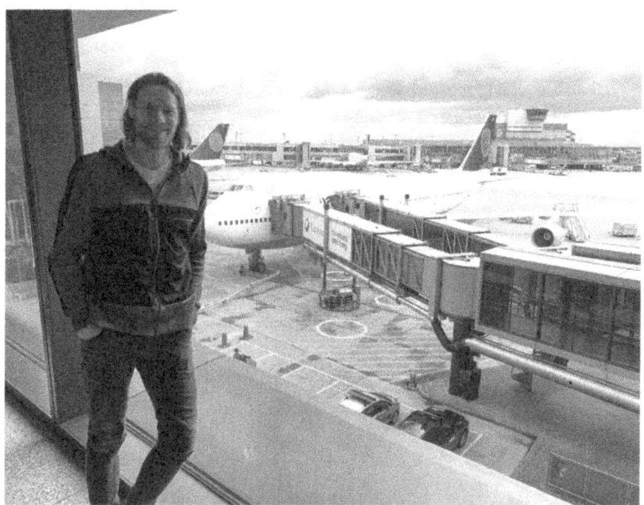

„Tschausen, ihr Banausen!“ Tobias Reichmann vor seinem Abflug nach Florida.

BBQ, Florida und gemischte Gefühle

Also fünf Tage Florida, Sommer, Sonne, den Kopf wieder freibekommen. Deutschland gewann das Auftaktspiel in Köln 30:19 gegen Korea. Und wir besuchten die Universal Studios und die Harry-Potter-World. Das zweite Spiel schaute ich mir in einem Ferienhaus in Orlando an.

Wir besuchten meinen Freund Arjan, machten ein BBQ und sahen den 34:21-Sieg über Brasilien – mit gemischten Gefühlen. Wie gerne wäre ich auf der Platte mit dabei gewesen.

Zum dritten Spiel unserer Mannschaft war ich wieder im Lande. Und auch in der Halle. Das 25:25 gegen Frankreich schaute ich mir live an. Ich war eng beim Team, ging auch in die Kabine und wünschte der Mannschaft alles Gute. Dass nach der Verletzung von Steffen Weinhold Kai Häfner nachnominiert wurde, wunderte mich nicht mehr wirklich. Und auch das Nachrücken von Tim Suton für Martin Strobel, der sich gegen Kroatien das Kreuzband riss, passte ins Bild. Zumindest in mein Bild. Ich blieb trotzdem nah an der Mannschaft, schaute die meisten Spiele in der Halle und fieberte mit. Auch und vor allem mit Johnny, wenn er von Rechtsaußen zum Torwurf ansetzte. Schließlich hatte ich mit ihm am allerwenigsten Probleme wegen der Entscheidung. Er konnte ja nichts dafür, dass es mich erwischt hatte.

Einfach schade

Dass die WM-Party dann im Halbfinale in Hamburg gegen Norwegen mit der 25:31-Niederlage endete, war schade. Wie auch die ganze Geschichte meiner Aussortierung. Die Art und Weise hatte für mich einfach einen bitteren Nachgeschmack. Das war nicht ehrlich, nicht geraderaus. Meist bleibt sowas im Raum stehen, was ja in der Regel keiner will.

Ein Jahr später, im Vorfeld der EM 2020, haben Christian Prokop und ich uns ausgesprochen. Ich war wieder mit dabei, war Teil der Mannschaft. Wir holten bei der in Schweden, Norwegen und Österreich ausgetragenen Europameisterschaft den fünften Platz. Er schilderte mir noch einmal seine Sicht der Dinge von damals. Und ich ihm meine: Ich blieb dabei, dass mein Kurztrip nach der Entscheidung richtig war. Einzig, dass ich ihm das damals nicht selbst gesagt hatte, kreide ich mir an. Und dafür habe ich mich bei ihm auch entschuldigt.

Im Handball weiß man nie

Mittlerweile sind viereinhalb Jahre vergangen. Nach meinem Ausflug in die 3. Liga zum TV Emsdetten habe ich aktuell keinen Verein. Obwohl ich noch richtig Bock auf Handball hätte. Das ist zwar schade, aber so ist der Sport manchmal. Ich habe Stand heute 106 Spiele für die deutsche Handball-Nationalmannschaft gemacht, dabei 291 Tore geworfen. Im Handball weiß man nie – vielleicht kommt ja doch noch ein Verein, vielleicht geht's doch noch mal weiter. Wenn nicht, dann ist das in Ordnung. Immerhin habe ich dreimal die Champions League gewonnen, hatte also abgesehen von ein paar nicht so schönen Momenten eine insgesamt richtig gute und überaus erfolgreiche Karriere.

Falls es das also jetzt war, bleibt mir an dieser Stelle nur noch ein selbstironisches, positiv-versöhnliches „Tschausen, ihr Banausen!".

BENNET WIEGERT

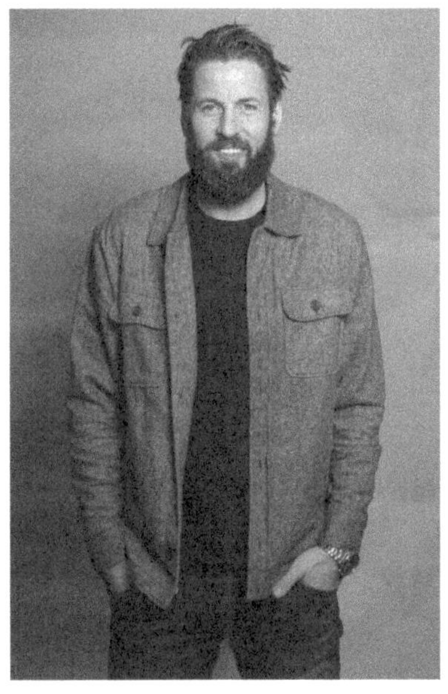

© Sascha Klahn

Name: *Bennet Wiegert*
Spitzname: *Benno*
Position: *Linksaußen, Rückraum links, Trainer*
Geboren am: *25. Januar 1982*
Geboren in: *Magdeburg*
Größter Erfolg: *als Spieler und als Trainer Champions-League-Sieger mit dem SC Magdeburg*
Handball ist für mich: *Ein wichtiger Teil meines Lebens – ich wurde quasi in diesen Sport hineingeboren. Deswegen habe ich Bock auf Handball!*

DIE GESCHICHTE VON TSCHELJABINSK

Eine wilde Busfahrt, Übernachtung im Sanatorium und Fisch von der Fensterbank: Auf unserer Europapokalreise nach Russland machten wir Grenzerfahrungen – nicht nur am Grenzturm.

Okay, dass es so krass werden würde, hatten wir nicht gedacht. Wirklich nicht. Ich weiß nicht, wie schnell wir fuhren. 80, vielleicht 90 Stundenkilometer? Was ich wusste: Wir fuhren zu schnell, viel zu schnell. Denn hier im Niemandsland, irgendwo zwischen Jekaterinburg und Tscheljabinsk, mitten in der sibirischen Taiga östlich des Uralgebirges, waren weder Straße noch Fahrzeug und Fahrer in einem Zustand, der eine solche Geschwindigkeit passend erscheinen ließ. Der Anfang einer wilden und spektakulären Reise, von der wir uns noch Jahre später immer wieder erzählen sollten.

Was soll schon schiefgehen?

Im Oktober 2007 hatte uns die Losfee mit einem ganz besonderen Gegner für die dritte Runde des EHF-Pokalsieger-Wettbewerbs bedacht: Sungul Tscheljabinsk. Gut, man kann es sich nicht aussuchen. Und auch wenn Stefan

Kretzschmar als unser neuer Sportdirektor beim SC Magdeburg von „einer Katastrophe“ sprach – wir Spieler nahmen es locker. Was sollte schon schiefgehen?

Im Hinspiel lief tatsächlich alles glatt. Und das trotz des Umbruchs, in dem wir uns gerade befanden. Kretzsche hatte kurz zuvor als Spieler aufgehört, Joël Abati war nach Montpellier gewechselt und ich war gerade vom VfL Gummersbach zurückgekehrt. Und auch insgesamt kam der Verein nicht zur Ruhe. Finanzielle Probleme und ausbleibender sportlicher Erfolg in der Liga, außerdem ein Trainerwechsel – es war einfach eine schwierige Phase.

Der 18. November 2007 war ein Sonntag. Es kamen vergleichsweise wenig Zuschauer in die Bördelandhalle. Die gut 2000, die kamen, sahen ein gutes Spiel von uns. Wir fertigten Tscheljabinsk mit 41:27 ab und hatten damit den Achtelfinaleinzug im Prinzip schon in der Tasche. Ich war mit acht Toren sogar bester Werfer an dem Tag. Alles gut, dachte ich. Dachten alle. Bis die Aussage eines Betreuers der russischen Delegation zu uns in die Kabine drang: „War ja klar, dass wir hier verlieren. Wir hatten ja gar nicht alle an Bord. Etliche Spieler haben kein Visum für die Reise bekommen.“ Richtig nervös wurde trotzdem keiner.

Man hätte etwas ahnen können

Visum war ein gutes Stichwort. Denn auch wir brauchten natürlich alle ein Visum, um nach Russland einreisen zu dürfen. Der SCM hatte zwei Jahre vorher im EHF-Pokal schon einmal in Russland gespielt, beim 21-fachen russischen Meister Medwedi Tschechow. Damals hatte alles reibungslos funktioniert. Der Gedanke, ein Auswärtsspiel in Russland zu bestreiten, erschien den meisten von uns nicht als etwas Besonderes. Einige waren durch Anwesenheit sowjetischer Streitkräfte in ihrer Heimat zur Zeit ihrer Kindheit in gewisser Weise mit Russland vertraut. Plötzlich hieß es jedoch, dass wir für Tscheljabinsk ein zweites, separates Visum brauchen würden.

Völlig unbedarft traten wir eine Woche später unsere Reise ins russische Tscheljabinsk an. Anreise, Übernachtung, Spiel, Übernachtung, Abreise – und wir stehen im Achtelfinale, dachten wir. Das war keine Arroganz. Es war eine realistische Einschätzung nach dem hohen Sieg im Hinspiel.

Von Berlin über Sankt Petersburg nach Jekaterinburg

Wir flogen von Berlin zunächst nach Sankt Petersburg und dann weiter nach Jekaterinburg. Zwei Stunden dauerte der erste Flug. Der zweite noch einmal drei. Von dort aus ging es weiter mit dem Bus, nochmal gut 200 Kilometer Richtung Süden. Schon die Dauer der Anreise war eine Tortur. Wenn ich an die Busfahrt denke, bekomme ich noch Jahre später schwitzige Hände.

Nach den zwei Flügen waren wir froh, uns auf dem Weg zum Gepäckband und weiter zum Ausgang ein bisschen bewegen zu können. Ein paar Schritte laufen, ein bisschen quatschen, dann ging es in unseren Bus. Ob „Bus" die richtige Beschreibung ist? Es war kein VW-Bus, auch kein Reisebus. Es war so ein Mittelding, ein 15- oder 16-Sitzer, der vom TÜV Süd ganz sicher keine Plakette mehr bekommen hätte. Wir stiegen ein, ich saß zusammen mit unserem norwegischen Torwart Ole Everik und Christoph Theuerkauf in der letzten Reihe. Wir fuhren los. Schon wenige Minuten, nachdem wir die Gegend um den Flughafen herum verlassen hatten, rumpelten wir viel zu schnell und waghalsig über so gut wie unbefestigte Straßen. Die Räder schlugen aufgrund der altersschwachen Stoßdämpfer bei jedem Schlagloch in die Radkästen. Und es gab verdammt viele Schlaglöcher. In den Kurven kamen wir bedenklich nah an den Rand. Leitplanken? Weitgehend Fehlanzeige. Der Busfahrer jagte wie ein Irrer bei Kälte und Dunkelheit durch die sibirische Taiga.

„Dawai, dawai!"

Christoph Theuerkauf, genannt „Theuer", der gerne austeilte und seine Späße innerhalb der Mannschaft machte, hatte eine Heidenangst. Was mich ermunterte, unseren Fahrer noch weiter anzuheizen. „Dawai, dawai – vorwärts, schneller!", rief ich durch den Bus. Der Fahrer hatte seinen Spaß und fuhr immer schneller und immer wilder. Und auch ich hatte meinen Spaß. „Dawai, dawai!" Bis mich Theuer in die Realität zurückholte: „Benno, ganz im Ernst. Das ist kein Spaß mehr, echt nicht!“ Ach was, dachte ich. „Dawai, dawai!“ – Aber dann wurde mir klar, dass er recht hatte und es an der Zeit war, damit aufzuhören. Es war einfach irre gefährlich, wie unser Bus mitten durchs Niemandsland, mitten durch die Nacht kachelte. Also kein „Dawai!“ mehr von mir, stattdessen bange Blicke aus dem Fenster, wo wir im schwachen Lichtkegel der Scheinwerfer die Einschnitte und Abhänge der immergleichen Landschaft vorbeiziehen sahen. Sah so nicht die Gegend aus, in der sich Rocky Balboa seinerzeit auf den Kampf gegen Ivan Drago vorbereitet hatte? Dazu das Knattern des alten Dieselmotors und das Hämmern der Räder in den Radkästen. Wenn wir hier einen Unfall haben, war es das. So einfach war das.

Zweieinhalb Stunden später erreichten wir völlig gerädert unsere Unterkunft. Das Hotel lag mitten im Dunkeln, im Wald, abseits von allem. Wobei: Hotel trifft es nicht im Entferntesten. Wir waren in einem Sanatorium untergebracht. Inmitten von Menschen, die sich hier behandeln ließen. Leute, die Probleme hatten. Die hatten wir, da wir die Anreise überstanden hatten, erstmal nicht. Noch nicht.

Yves aß so gut wie nichts

Die Zimmer waren äußerst spärlich eingerichtet. Heine hatte als Einziger eins mit Whirlpool. Der war aber aus einer Zeit und in einem Zustand, dass man ihn lieber nicht betreten wollte. Yves Grafenhorst wollte nicht einmal in sein Bett. Er stieg in seinen langärmeligen und langbeinigen Trainingsanzug, zog den Reißverschluss bis zum Hals hoch und versuchte, möglichst wenig Kontakt mit dem Bettlaken aufzunehmen. Am liebsten hätte er in der Luft schwebend geschlafen, glaube ich. Am besten nichts berühren, war seine Devise. Und nichts essen. Er aß so gut wie nichts und kam drei Kilo leichter nach Magdeburg zurück.

Heine und ich waren da entspannter und mutiger, vielleicht auch waghalsiger. Wir probierten das gesamte, üppige Büffet durch, das uns die Russen in einer mensaartigen Kantine servierten. Fisch, Brei, Gemüse – wir wurden alle satt. Außer Yves.

Dann der nächste Morgen. Als es endlich hell wurde, sahen wir, wie schön die Landschaft war, wenn man nicht um sein Leben fürchtete. Vor dem Sanatorium kam gerade ein Esel an, der einen Hänger mit einem Kühlschrank drauf zog. Einem Kühlschrank. Im November, in Sibirien. Wir machten einen Spaziergang. Silvio, Yves, Christian Sprenger und ich. Wir gingen über einen zugefrorenen See und unterhielten uns mit Händen und Füßen mit einheimischen Eisanglern. Wie die Männer mit ihren Fellmützen da bei Temperaturen weit unter dem Gefrierpunkt ihre Angeln in den See hielten – es war eine ganz andere Kultur. Wir sogen das alles auf, besonders Heine und ich waren bei so etwas immer sehr offen und neugierig. Einblicke in die Kultur anderer Länder zu bekommen, ist ein Privileg, das Profihandballer haben. Eins, das wir in der Regel sehr zu schätzen wussten und auch ausgiebig genossen. Hier in Tscheljabinsk aber waren unsere Einblicke grenzwertig. Das wurde uns klar, als wir den friedlichen Seespaziergang beendet hatten und uns auf den Weg zur Halle begaben. Ein Rückspiel hatten wir ja auch noch zu bestreiten.

Peace? Nein, drei Jahre Knast

Wir stiegen also tatsächlich wieder in diesen Bus. Was sollten wir auch anderes machen? Die Halle, in der wir spielten, lag in Tscheljabinsk. Unsere Unterkunft offenbar nicht. Das bemerkten wir, als wir nach etwa 20 Minuten Fahrt völlig unvermittelt an einem Grenzturm hielten. Drei Grenzbeamte mit Maschinenpistolen traten auf uns zu. Ole machte mit seinem Handy Fotos, was bei den dreien offenbar nicht gut ankam. Einer von ihnen signalisierte uns, dass wir sämtliche Aufnahmen sofort löschen sollten. Die Botschaft war klar und deutlich, um sie zu verstehen war kein Russisch nötig. Und Ole? Der machte einfach weiter Fotos. Einer der Beamten hob die Hand und streckte drei Finger in Richtung Ole. „Siehst du, der zeigt uns *peace*", sagte Ole. Doch Ole irrte. Einer unserer Betreuer klärte ihn auf, das auf Filmen und Bildermachen drei Jahre Knast stehen. „Ole, hör auf damit! Wir wollen hier lebend raus!"

Die Atmosphäre in der Halle war auch komplett schräg. Wieder kamen mir Rocky Balboa und Ivan Drago in den Sinn. Wahnsinn war das alles. Aber das Spiel war uns mittlerweile komplett egal. Die Russen besiegten uns mit vier Toren. Was soll's? Raus hier, dachten wir. Schnell wieder raus hier und vorbei an dem Grenzturm.

Die Rückfahrt verlief ohne besondere Vorkommnisse. Wieder in unserer Unterkunft angekommen, beschlossen Heine und ich, unserem Hobby nachzugehen. Wir spielten während unserer gemeinsamen Zeit beim SCM oft und gerne Tischtennis. Wann immer es die Zeit zuließ und wir eine Platte fanden, ging es rund. Nach ein paar Ballwechseln forderten wir den Sanatoriums-Meister heraus. So sah er zumindest aus: Wahnsinnig ambitioniert, weißes Stirnband – beim Tischtennis. Er nahm unsere Herausforderung an. Der Einsatz: Alkohol. Das schien hier üblich zu sein. Der Kollege spielte nicht schlecht – aber richtig verausgaben mussten wir uns nicht, um das Ding zu gewinnen.

Fisch von der Fensterbank

Nach dem Match lotste uns das Stirnband auf sein Zimmer. Zehnter Stock. „Heine", sagte ich, noch bevor wir das Zimmer erreichten. „Für mich ist hier Ende. Lass uns das abbrechen. Da kommen wir nie wieder raus." „Nee, nee, komm! Das läuft schon!", war Heines Antwort. Sekunden später standen wir in Stirnbands Zimmer. Dieser ging wortlos durch den Raum, bis ganz hinten durch. Er öffnete das Fenster, griff nach einer in Papier eingewickelten Flasche, die auf der Fensterbank stand, schraubte den Deckel ab und nahm einen großen Schluck. Dann reichte er uns die Flasche rüber. „Heine", versuchte ich es erneut. „Das war's jetzt für mich. Da musst du ran. Ich habe keinen Bock, hier blind zu werden." Heines Antwort? Ein großer Schluck. „Ist gut. Kannst du trinken", meinte Heine. Natürlich war es nicht gut. So muss Spiritus schmecken, vielleicht war das ja Spiritus? Ich kam nicht dazu, den Gedanken zu Ende zu denken, denn Stirnband ging nochmal zum Fenster. Diesmal wickelte er einen riesigen Fisch aus dem Papier und pulte mit seinen Fingern ein Stück raus. Dann waren wir dran. Fisch, Flasche, Fisch, Flasche – und raus aus dem Zimmer. Der Wahnsinn.

Unten im Gemeinschaftsbereich nahmen Heine und ich noch ein Absacker-Bierchen an der Bar. Als Heine sah, dass in der Auslage Zigaretten angeboten wurden, fragte er die Barfrau: „Was kosten die?" 16 Cent. Die Schachtel Marlboro kostete 16 Cent. Heine kaufte alle. Am Flughafen von Jekaterinburg kam Theuer an und fragte Heine nach einer Kippe. „Klar, hier, bitte, Marlboro." Theuer nahm einen Zug, hustete wie nach einem ganzen Päckchen Roth-Händle und warf die Zigarette weg. „Was hast du bezahlt pro Packung? 16 Cent? Die sind nicht mal einen Cent wert. Da ist alles drin – aber kein Tabak."

Eine Reise für die Ewigkeit

Zwei Tage nach unserem Aufbruch in Magdeburg waren wir wieder zu Hause. Unversehrt. Mit einer Rückspielniederlage im Gepäck, die dank unseres hohen Siegs im Hinspiel nicht schmerzte. Und mit jeder Menge neuen Erfahrungen. Wir hatten die Busfahrt überlebt, Ole war knapp einer Gefängnisstrafe entgangen, Yves hatte drei Kilo abgenommen und

Heine und ich hatten den Sanatoriums-Meister entthront. Und alles innerhalb von nur 48 Stunden.

Tscheljabinsk war bestimmt eine der spektakulärsten Reisen in meiner Karriere, wenn nicht die spektakulärste. Ich wusste schon damals, dass wir darüber noch lange reden werden. Es war eine Reise für die Ewigkeit. Und wenn die Losfee heute unsere Gegner zieht, halten wir immer einen kurzen Moment inne und denken dann: Es ist egal, welchen Gegner wir bekommen. Egal, wie unattraktiv das Los, wie mittelmäßig die Unterkunft, wie stressig die Anreise oder wie mies das Essen womöglich sein wird – es hätte auch Tscheljabinsk sein können.

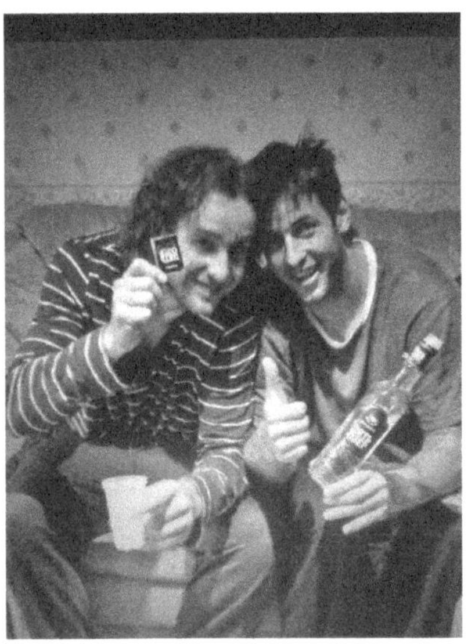

Bennet Wiegert (r.) und Silvio Heinevetter genehmigen sich einen Vodka während ihrer gemeinsamen Reise nach Tscheljabinsk.

DANKSAGUNG

Ohne Mitspieler gewinnt man kein Handballspiel. Und ohne eine ganze Mannschaft voll toller Mitspieler erscheint kein Buch.

Mein besonderer Dank gilt:

Dem Team vom Verlag Edel Sports, allen voran Stefan Weikert und Marten Brandt. Ihr habt mir stets das wohlig-vertraute Gefühl von „Mannschaftssport“ gegeben. Das war ein ganz schön wildes Spiel. Aber wenn es eng wurde und die Uhr wie im Zeitraffer runterlief, konnte ich mich immer auf Eure präzisen Anspiele verlassen.

André Tzschaschel von valuemedia. Du hast das ganze Projekt überhaupt erst möglich gemacht. Danke für die überragende Zusammenarbeit. Und danke dafür, dass Du mich in meinen Michael-Douglas-Phasen, wenn zwischendurch mal so überhaupt gar nichts funktionieren wollte, zuverlässig und schnell wieder aus dem „Falling-Down-Modus“ rausgeholt hast.

Sascha Klahn, dem menschgewordenen Fotoapparat der Handball-Bundesliga. Du hast mir mit Deinen Kontakten jede Menge Türen geöffnet – und natürlich herausragende

Bilder beigesteuert. Deine Bilder sagen mehr als meine tausend Worte.

Den 20 eigentlichen Hauptdarstellern in diesem Buch: Anja Althaus, Emmy Bölk, Sven-Sören Christophersen, Paul Drux, Dinah Eckerle, Henning Fritz, Thilo Goetzky, Johannes Golla, Bob Hanning, Dominik Klein, Torsten Lucht, Finn-Ole Martins, Andy Schmid, David Späth, Christoph Theuerkauf, Bennet Wiegert, Patrick Wiencek, Christian Zeitz und Tobias Reichmann sowie Jari Brüggmann. Ihr habt Euch alle trotz Eures vollen Terminkalenders die Zeit genommen, bei diesem Projekt mitzumachen. Ganz herzlichen Dank für Euer Vertrauen, für Eure persönlichen Geschichten, vor allem für 20 tolle Begegnungen. Und nicht zu vergessen: Silvio Heinevetter, Heine, das war nicht das erste Projekt, bei dem Du mir ohne jede Gegenleistung sehr geholfen hast. Ich hoffe, ich kann mich irgendwann mal revanchieren. Vielleicht mit einem Bierdeckelvertrag beim TVD Velbert? Inklusive Fassbier- und Mettbrötchen-Flatrate sowie den besten Abkürzungen für die lokalen Laufstrecken?

Meinen Handballtrainern der vergangenen 35 Jahre: Axel, Marco, Dirk, Harald, Helge, Stefan, Martin, Frank, Bam-Bam, Yasar, Micha, Stefan und Helmut.

Meinem ersten Trainer, ganz besonderen Redakteur und ganz besonderen Freund Rolli.

Meinen Weggefährten aus dem niederbergischen Handball, allen voran den Bäumern und der alten Garde des Nevigeser TV.

Meiner Frau Tina, die mir in den intensiven Monaten der Bucherstellung – oft mit herzlicher und unermüdlicher Unterstützung der lieben Schwiegermutter – den Rücken freigehalten, meine Launen ertragen und mir Kraft gegeben hat. Du bist die Beste!

Mein größter Dank gilt meinen Eltern – ich wünschte, Ihr hättet das noch lesen können.

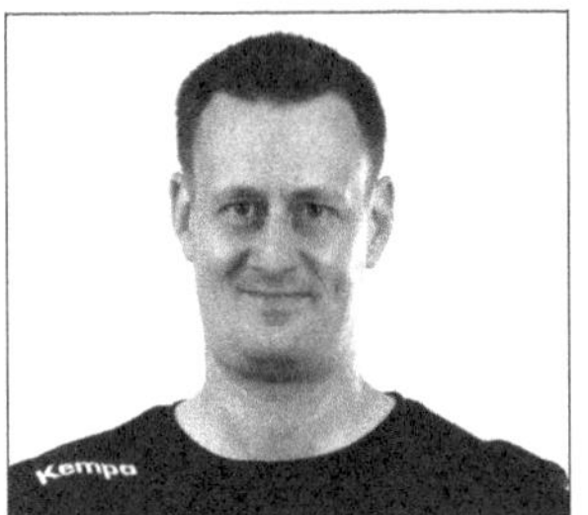

© Detlev Kreimeier

ZUM AUTOR

Daniel Duhr, passionierter Handballspieler und Journalist, hat den Sport über 30 Jahre im Profi- und Amateurbereich verfolgt. Seine „Handballhölle"-Bücher sind Bestseller mit über 20.000 verkauften Exemplaren. In „Bock auf Handball" lässt er die Handballstars ihre Geschichte erzählen.

IMPRESSUM

Projektkoordination: *Dr. Marten Brandt*
Lektorat: *Dorit Aurich, Julia Niehaus*
Covergestaltung: *Groothuis. Gesellschaft der Ideen und Passionen mbH | www.groothuis.de*
Layout und Satz: *Datagrafix GSP GmbH, Berlin | www.datagrafix.com*
Lithografie: *Frische Grafik*
Druck & Bindung: *GGP Media GmbH, Pößneck*

4. Auflage 2025

Neumühlen 17, 22763 Hamburg
ISBN 978-3-98588-053-9
www.edelsports.com/kontakt
www.edelverlagsgruppe.de/kontakt

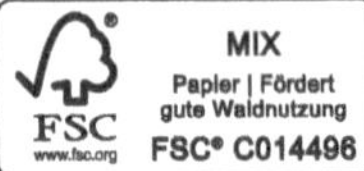

LIEBE LESERINNEN, LIEBE LESER

wie schön, dass Sie ein Buch von EDEL SPORTS lesen! Wir lieben große Geschichten, herausragende Persönlichkeiten und starke Meinungen aus der faszinierenden Welt des Sports und freuen uns sehr, dass Sie diese Leidenschaft mit uns teilen. Sport ist Emotion, Entertainment und Business zugleich. Geben Sie uns gern Ihr Feedback auf Instagram (@edel.sports) oder schreiben uns an: *info@edelsports.com*

UNSER VERLAGSHAUS

Mit Standorten in Hamburg und München zählt die Edel Verlagsgruppe zu den größten unabhängigen Buchanbietern Deutschlands. Zur Gruppe gehören die Verlage Dr. Oetker Verlag, Edel Sports, KARIBU und ZS.

EDEL Sports – Ein Verlag der Edel Verlagsgruppe
www.edelsports.com
www.instagram.com/edel.sports